스프링 여행중국어회화

이 QR코드를 스캔하면
음원 저장소에서
본문 전체 MP3 파일을
다운받을 수 있습니다!

스프링 여행 중국어회화

2025년 6월 15일 초판 인쇄
2025년 6월 20일 초판 발행

엮은이 **LC스터디**
발행인 최연진
디자인 김영준, 장미경
마케팅 최관호
제작 최승룡
인쇄 선경프린테크

발행처 어학시대
주소 서울시 영등포구 영신로34길 19, 3
등록번호 제 2025-000064호
전화 02) 2636-0897
팩스 02) 6305-0897
이메일 ohakbooks.daum.net

ⓒ LC스터디 2025
ISBN 979-11-992739-5-5   12720

이 책의 저작권은 저자에게 있습니다. 저자와 출판사의 허락없이
내용의 일부를 인용하거나 발췌하는 것을 금합니다.

스프링 여행 중국어회화

LC스터디 지음

어학시대

쾌락은
우리를 자기 자신으로부터 떼어놓지만,
여행은
스스로에게 자신을 끌고 가는 하나의 고행이다.

– Albert Camus –

머리말

단체로 중국여행을 가면 현지 사정을 잘 아는 가이드가 안내도 해주고 통역도 해줘서 언어 때문에 크게 불편할 일은 없어요. 하지만 중국인과 직접 대화하거나 쇼핑할 때는 회화가 꼭 필요하죠. 여행지에서 자유롭게 소통할 수 있다면 여행이 훨씬 더 즐겁고 보람찰 거예요.

그래서 이 책에는 출국부터 귀국까지, 상황에 맞게 바로 활용할 수 있는 유용한 중국어 표현만을 엄선했어요. 상대방의 말을 이해하고, 천천히 하지만 확실하게 내 의견을 표현할 수 있도록 도와줍니다

특히, 이 책은 여행 중에도 부담 없이 꺼내 볼 수 있도록 휴대하기 좋은 크기로 제작되었고, 꼭 필요한 표현만 골라 담아 실용성을 높였어요. 이 책 한 권만 챙겨가면 마치 개인 여행 가이드를 데리고 다니는 것처럼 든든할 거예요!

이 책의 특징은 다음과 같습니다.

포켓북 사이즈에 스프링 제본이라 편해요!

여행할 때 가볍게 들고 다니면서 필요할 때 바로 꺼내 볼 수 있도록 포켓북 사이즈로 만들었어요. 그리고 책을 펼치기 편하게 스프링 제본으로 제작했어요!

여행할 때 쓸 수 있는 유용한 회화 표현들!

중국여행이나 출장, 방문할 때 현지에서 바로 써먹을 수 있도록 꼭 필요한 회화만 골라 담았어요. 그리고 쉽게 찾아볼 수 있도록 사전식으로 정리했어요!

상황별로 필요한 회화가 들어 있어요!

여행을 떠나기 전에 알아두면 좋은 기본 표현부터 출국, 도착, 숙박, 식사, 관광, 쇼핑, 교통, 여행 중 생길 수 있는 문제 상황까지, 여행하면서 마주칠 수 있는 다양한 상황을 담았어요!

보기 쉽게 양쪽 페이지로 편집했어요!

필요한 상황이 생기면 바로 찾아서 쓸 수 있도록 우리말을 먼저 넣었고, 보기 쉽게 양쪽 페이지에 나란히 편집했어요!

중국인 발음에 가깝게 한글로 표시했어요!

중국어를 잘 몰라도 쉽게 따라 할 수 있도록 모든 회화 표현과 단어에 한글 발음을 적어두었어요. 최대한 원음에 가깝게 표기해서 그대로 읽기만 해도 될 거예요!

QR코드를 찍으면 원어민 발음을 바로 들을 수 있어요!

스마트폰 카메라로 QR코드를 찍으면 중국인의 정확한 발음을 상황별로 바로 들을 수 있어요. 그리고 표지나 판권에 있는 QR코드를 스캔하면 어학시대 MP3 파일 저장소에서 본문 전체 녹음 파일도 내려받을 수 있답니다. 여행을 떠나기 전에 미리 다운로드해서 공부해 두면, 중국어에 대한 부담도 줄이고 더 자신 있게 말할 수 있을 거예요. 녹음은 먼저 한국인 성우가 우리말 표현을 말해주고, 그 다음 중국인이 해당 문장을 들려주는 방식으로 되어 있어요. 중국인 발음을 들으면서 따라 하면 자연스럽게 익힐 수 있을 거예요!

Part 1 기본표현

간단한 표현	32
인사	46
소개	54
감사 · 사과	56
감정표현	60
희망 · 의뢰	64
때 · 시간	68

- 계절이름 월이름 80
- 요일이름 81
- 때 · 시간과 관련된 용어 81

Part 2 출발 · 도착

공항 · 세관	88
환전	92
호텔	96

- 세관과 관련된 용어
  돈과 관련된 용어 102

Part 3 교통기관

길묻기	108
역	110
기차	112

차례

버스	114
택시	116

- 역과 관련된 용어 118

Part 4 식사·쇼핑

식사	122
쇼핑	134

- 요리와 관련된 용어 144
- 쇼핑과 관련된 용어 146

Part 5 통신

우체국	150
전화	154

- 우체국과 관련된 용어 164
- 전화와 관련된 용어 165

Part 6 긴급사태

몸이 아플 때	168
병원에서	172
약국에서	182
긴급상황	186

- 병원 질병과 관련된 용어 190

11

중국어에 관하여

경극 [京劇 [Jīngjù]]

중국의 한자는 한 글자가 하나의 음절을 갖고 있다. 어두의 자음을 '성모(声母)'라고 하며, 성모 뒤의 모음을 포함한 부분을 '운모(韵母)'라고 한다. 운모가 모음 하나뿐인 것도 있으며, 음절이 2개 혹은 3개의 모음으로 된(mao, miao), 모음 끝에 비음(鼻音)을 동반한 것(san, ling)도 있다. 한자의 발음을 로마자로 표기하는 것을 拼音(pīnyīn)이라고 하며, 각 음절에는 四声(sìshēng)이라는 성조가 붙어 있다.

번체자와 간체자

우리가 흔히 사용하는 한자를 중국에서는 번체자(繁体字)라 하고 이것을 단순화시킨 것을 간체자(简体字)라고 하여 중국 내의 모든 공식문서를 비롯하여 출판물에 사용하고 있다. 우리는 어릴 때부터 한자를 많이 접하여 중국어가 그다지 낯설지는 않지만 간혹 익숙지 못한 글자가 나타나기도 하는데, 이는 중국대륙에서 사용되는 간체자와 한국, 일본, 대만, 홍콩 등지에서 사용되는 번체자의 차이 때문이다. 중국 대륙은 1955년부터 1964년에 걸친 작업 끝에 2,238개 한자의 표기법을 통합 정리하고 간략화 하였다. 근래 중국 대륙과의 수교 이후 간체자를 이용하여 중국어를 익히고 있다.

한어병음

우리말이나 영어는 표음문자로써 글자만 보고도 정해진 규칙대로 발음할 수 있지만 한자는 표의문자로서 글자를 보고 의미를 짐작할 수는 있어도 발음하기는 힘들기 때문에 중국에서는 한자의 발음을 로마자로 표기하는 한어병음(汉语拼音)을 제정, 공포하여 좀 더 쉽고 정확하게 음을 익힐 수 있게 하였다. 1958년에 한어병음방안(汉语拼音方案)에 따라 표음부호로서 공식 제정되어 표준말의 보급에 절대적인 공헌을 하고 있다. 흔히 汉拼으로 약칭하며, 알파벳 26자 중 「v」자를 제외한 25자와 특수모음 「ü」로 구성된다. 이는 애초에 중국어를 표의문자인 한자 대신에 표음문자인 로마자로 바꿔 쓰기 위한 수단으로 개발된 것으로서, 몇 차례 수정 보완을 거쳐 병음자모로서 공식적으로 제정되기에 이르렀다.

중국어의 어법

중국어는 영어의 「talk, talks, talked」처럼 형태 변화가 없으며, 우리말의 「은(는), 을(를), 이(가), 에(는)」등에 해당하는 조사가 없다. 어순(语顺)으로 의미를 나타내므로 어순이 틀리면 의미가 달라지거나 없어지거나 한다. 예를 들면, 「猫吃(고양이가 먹다)」를 「吃猫」라고 하면 「고양이를 먹다」라는 뜻이 되어 버린다. 우리말을 그대로 한자로 나열하여 필담(笔谈)을 하거나 말을 하면 뜻밖의 오해를 사는 경우가 있다.

중국어의 발음

중국어는 모음만으로 또는 자음과 모음이 결합해서 발음된다. 이 단위를 음절이라 부르는데 그 수는 약 400개 정도가 있는데 대략 자음 21개, 모음 35개 정도로 나누어서 이해할 수 있도록 되어 있다. 처음에는 어려울 지도 모르지만 이 원리를 잘 알아 두면 기타의 발음은 이해하기가 쉽다. 그 후에는 익숙해질 때까지 입으로 소리를 내서 여러 번 발음 연습을 하면 된다.

(1) 모음

중국어의 모음은 6개의 단모음과 29개의 복모음이 있다. 일단 알아두면 어려울 것은 없다.

단모음

a [아]	우리말의 「아」보다 입을 크게 벌려서 확실하게 발음한다. · 他 [tā 타] 그
o [오]	입술을 둥글게 내서 「오」와 「어」의 중간 발음을 한다. · 破 [pò 포] 깨지다
e [으어]	입술 모양은 에로 목구멍 뒤에서 「으어」라고 발음한다. · 喝 [hē 흐어] 마시다

yi [이]	입술을 충분히 좌우로 벌려서 발음한다. · 米 [mǐ 미] 쌀
wu [우]	입술을 내서 작게 오므려서 발음한다. · 路 [lù 루] 길
yu [위]	입술을 「우」모양으로 해서 「위」라고 발음한다. · 去 [qù 취] 가다

복합모음

ai [아이]	「아에」와 비슷하게 발음한다는 느낌으로 「아이」라고 발음한다. · 再 [zài 짜이) 다시
ei [에이]	단모음의 「에」와는 다르게 보통 「에이」라고 발음한다. · 累 [léi 레이] 피로하다
ao [아오]	「아우」에 가깝게 발음한다는 느낌으로 「아오」라고 발음한다. · 好 [hǎo 하오] 좋다
ou [어우]	「오-」가 되지 않도록 주의해서 발음한다. · 都 [dōu 떠우] 모두

이외에 복합모음에는 3중모음과 n, ng를 동반한 모음, 그리고 r 발음에 가까운 권설모음도 있다. 그러나 기본은 단모음 6개의 발음으로 구성되어 있으므로 우선 이 발음을 확실하게 익혀두어야 한다. 이때 u는 wu와 yu의 두 개의 계통인 점을 잊지 말도록 한다. 또한 복합모음은 하나의 모음이므로 따로따로 발음이 되지 않도록 주의해야 한다.

(2) 자음

발음의 기본

유기음인지 무기음인지 주의해서 발음한다.
중국어의 자음은 숨을 내는 방법에 따라 2개의 계통으로 크게 나눌 수 있다. 하나는 숨을 강하게 토해내어 발음하는 유기음이고, 다른 하나는 숨을 삼가서 내는 무기음이다. 그러나 이 어느 쪽도 아닌 음이 있으므로 주의할 필요가 있다.

· 유기음의 예 : po / te / ke / qi / ci / chi
· 무기음의 예 : bo / de / ge / ji / zi / zhi

자음의 종류

21개의 자음은 발음 부위 별로 6종류로 나뉜다.

① 순음 (위아래입술, 윗니와 아랫입술을 사용한다)

b [뽀어]	위아래 입술을 가볍게 파열시키고 숨이 나지 않도록 주의한다.
p [포어]	위아래 입술을 강하게 파열시키고 강하게 숨을 낸다.

② 설첨음 (혀끝의 경구개를 사용한다)

d [뜨어]	혀끝을 윗잇몸에 가볍게 파열시켜서 숨을 내쉬지 않는다.
t [트어]	혀끝을 윗잇몸에 강하게 파열시켜서 강하게 숨을 낸다.

③ 설근음 (혓바닥과 경구개 앞부분을 사용한다)

g [꺼] k [커] h [허]	혀뿌리와 연구개를 사용하고, 목구멍 근처에서 낸다.

④ 설면음 (혓바닥과 경구개를 사용한다)

j [찌]	혓바닥을 경구개에 대고 우리말의 「찌」에 가깝게 발음한다.

⑤ 권설음 (혀끝과 경구개 앞부분을 사용한다)

zh [즈]	혀끝을 경구개 앞부분에 대고 그 상태로 「즈」처럼 발음한다. ch, sh, r의 발음도 이에 준하며, 이 책의 한글 표기에서는 「 ˚ 」로 표기하였다.

⑥ 설치음 (혀끝과 윗니 뒷부분을 사용한다)

z [즈]	혀끝을 윗니 뒷부분에 대고 가볍게 「즈」라고 발음한다. 이외에 c, s 도 이 발음에 준한다.

(3) 성조(声调)

중국어 성조에는 1성, 2성, 3성, 4성이 있으며 각각의 성조는 발음을 구성하는 매우 중요한 요소이므로 반드시 기억해야 합니다. 4성의 발음 요령은 다음과 같습니다.

성조의 발음 요령

1성은 높고 평평하게 끝까지 힘을 빼지 말고 '솔'의 음높이를 유지합니다.

2성은 '미'의 음높이에서 '솔'로 단숨에 끌어올리며 뒤쪽에 힘을 넣습니다.

3성은 '레'의 음높이에서 '도'로 낮게 누른 후 가볍게 끝을 상승시킵니다.

4성은 '솔'의 음높이에서 포물선을 그리듯 빠르게 '도'까지 떨어뜨립니다.

다음의 성조표를 오선지라고 생각하고 성조를 연습해봅시다.

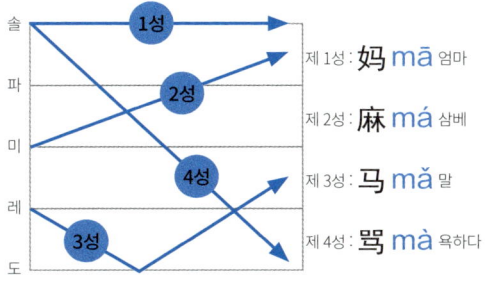

중국어의 문법

중국어의 어순은 「주어+동사」가 기본으로 되어 있다. 구문면에서 우리말보다는 영어에 가깝지만, 동사의 활용이나 단어의 어미변화가 전혀 없기 때문에 문법적으로는 그다지 어렵지 않다. 중요한 것은 2인칭 경어의 용법 등, 상대방에 대해 실례가 되지 않도록 말하는 법을 잘 알아 두어야 한다는 것이다.

(1) 인칭대명사

2인칭 「你」와 「您」의 구별

중국어의 인칭대명사에는 주격 또는 소유격 등의 변화가 없다. 복수형은 단수형에 们을 붙이면 된다. 문법적인 면에서는 그다지 어렵지 않다고 할 수 있다. 그러나 반드시 알아 두어야 할 점은 2인칭인 你와 您의 구별이다. 친근한 사이가 아니라면 여행지 등에서는 상대방에 대해 정중어인 您을 사용할 것을 권하고 싶다. 또한 3인칭인 她는 「그녀」, 它는 사물이나 동물을 가리키지만 발음은 「그」를 가리키는 他와 같다.

	단수형	복수형
1인칭	我 [wǒ 워]	我们 [wǒmen 워먼] 咱们 [zán·men 잔먼]

2인칭	你 [nǐ 니] 您 [nín 닌]	你们 [nǐmen 니먼] 您们 [nínmen 닌먼]
3인칭	他 [tā 타] 她 [tā 타] 它 [tā 타]	他们 [tā 타먼] 她们 [tā 타먼] 它们 [tā 타먼]

(2) 기본문형

중국어의 구문은 간결하고 쉽다.

중국어의 긍정문은 「주어+술어」 순으로 나열하고 술어로는 동사, 형용사, 그리고 영어의 be에 가까운 是에 가까운 명사의 조합 등이 사용된다. 과거·현재·미래 등 시제의 변화는 조사 또는 부사로 나타낸다.

주어+동사

· 我去。[워취]

「나는 간다.」 또는 「내가 간다.」의 의미로 동사 去 뒤에 조사 了[러]를 놓으면 「갔다」라는 과거형이 된다.

주어+동사+목적어

· 我喝红茶。[워 허홍차']

「나는 홍차를 마신다.」의 뜻으로 「마시고 싶다」라고 할 때는 喝(허) 대신에 想(시앙)이 온다.

주어+是+명사

· 那是本子。[나쓰뻔즈]

「그것은 노트입니다.」라는 뜻으로 영어의 be동사와는 달리 뒤에 형용사 올 경우, 동사의 是(쓰)는 사용되지 않는다.

주어+형용사

· 他很努力。[타헌누리]

「그는 대단한 노력가이다.」라는 의미로, 부사인 很(헌)은 「매우」라는 의미로 형용사 앞에 오는 경우가 많다.

주어+동사+보어

· 我住在北京。[워쭈˚짜이 베이찡]

「나는 북경에 살고 있다.」라는 의미로 자동사와 타동사 구별이 없는 중국어에는 전치사는 없다.

(3) 의문문과 부정문

의문문

사용하기 쉽고 편리한 吗(마)를 활용한다.
중국어의 의문문은 문장 끝에 吗(마)를 첨가시키는 형, 긍정과 부정의 술어를 나열하는 형, 의문사를 사용하는 형의 세 가지로 크게 나눌 수 있다. 모두 구문으로는 어렵지 않지만, 여행지의 회화로는 吗를 사용하는 형과 의문사를 활용하는 형이 활용도가 높다. 영어와는 달리 주어와 술어를 바꿀 필요는 없다. 가장 간단한 吗를 사용한 의문문은 우리말로는 「~입니다」를 「~입니까?」로 바꾸는 것이라고 생각하면 좋다.

① 말끝에 吗를 붙이는 형

· 他是中国人吗？ 그는 중국인입니까?

[타스̊쭝̊구어런마]

· 韩国大吗？ 한국은 큽니까?

[한구어따마]

② 의문사를 사용하는 형

· 那是什么？ 저것은 무엇입니까?

[나스̊션̊머]

· 他住˚哪儿？ 그는 어디에 살고 있습니까?

[타쭈̊나얼]

③ 긍정과 부정의 술어를 나열하는 형

· 那是不是猫？ 저것은 고양이입니까, 아닙니까?

[나쓰부스̊마오]

· 他去不去？ 그는 갑니까, 가지 않습니까?

[타취부취]

의문사인 什么(썬머)는 명사 앞에 놓여「무슨」
또는「어떤」이라는 의미를 나타낼 수도 있다.

· 什么水果?   어떤 과일입니까?

　[션머수이구어]

· 什么书?   무슨 책입니까?

　[션머수]

부정문

거절할 때는 단호하게 不行(뿌싱)이라고 말할 것. 중국어 부정문은 술어 앞에 不(뿌) 또는 没有(메이여우)를 놓는 것이 기본이다. 不는 의지에 따르는 부정을 나타내어 현재 또는 미래의 동작이나 상태의 부정을 나타낸다. 한편 没有는 과거부터 현재에 이르는 동작의 부정, 소유 또는 존재의 부정을 나타낸다. 예를 들면「他不是中国人吗。(타부쓰쭝궈런마) 그는 중국인도 아니다.」또는「我没有本子。(워메이여우번즈) 나는 노트를 가지고 있지 않다.」등 구문으로는 어렵지 않다.

(4) 지시대명사

중국어 지시대명사는 가까운 사물 또는 사람을 가리키는 这(쩌)와 멀리 있는 대상을 가리키는

那(나)로 나눌 수 있다.

이 / 저	这[쩌] / 那[나]
여기 / 거기	这儿[쩌얼] / 那儿[나얼]
이 무렵 / 그 무렵	这会儿[쩌후얼] / 那会儿[나후얼]

(5) 의문사

몇 개	几个[지꺼]
얼마나	多少钱[뚜어샤오치엔]
언제	什么时候[션머쓰허우]
누가	谁[쉐이]
누구의 것	谁的东西[쉐이디똥시]
어디	哪里[나리]
어느 쪽	哪边[나삐엔]
얼마나 (어느 정도 ; 양)	多少[뚜어샤오]
얼마나(시간)	多长时间[뚜어창 스찌엔]
어떻게	怎么[전머]
왜	为什么[웨이션머]
무엇	什么[션머]

꼭 알아두어야 할 중요한 표시

기내에서 볼 수 있는 표시

禁止吸烟(NO SMOKING)	금연
系好安全带(FASTEN SEAT BELT)	안전벨트 착용
厕所使用中(OCCUPIED)	화장실 사용중
厕所没人使用(VACANT)	비어 있음
紧急出口(EMERGENCY)	비상구
叫出键(CALL BUTTON)	호출버튼
垃圾筒(TOWEL DISPOSAL)	쓰레기통

공항에서 볼 수 있는 표시

出发口(DEPARTURE GATE)	출발입구
到站口(ARRIVAL GATE)	도착입구
搭乘口(BOARDING GATE)	탑승입구
搭乘中(NOW BOARDING)	탑승수속 중
正点(ON TIME)	정각
延迟(DELAYED)	지연
换乘飞机(CONNECTING FLIGHT)	환승 비행기
待机(STAND BY)	공석 대기
换钱(EXCHANGE/MONEY EXCHANGE)	환전소
国内航班(DOMESTIC)	국내선

도로에서 볼 수 있는 표시

让步(YIELD)　　　　　　　　　　양보
停止(STOP)　　　　　　　　　　일시정지
右侧通行(KEEP RIGHT)　　　　　우측통행
禁止超车(DO NOT PASS)　　　　 추월금지
禁入(DO NOT ENTER)　　　　　　진입금지
限速(SPEED LIMIT)　　　　　　　제한속도
单行道(ONE WAY)　　　　　　　　일방통행
禁止停车(NO PARKING)　　　　　주차금지

건물 내에서 볼 수 있는 표시

男士专用 남자용	女士专用 여성용
入口 입구	出口 출구
拉 당기시오	推 미시오
开 열림(엘리베이터)	关 닫힘(엘리베이터)
关门 문을 닫음	危险 위험
停止 멈추시오	预约 예약됨
服务站 안내소	禁止吸烟 금연
禁止摄影 촬영금지	免费入场 무료입장
使用中 사용중	

주요 간체자 (简体字)

정자	간체자	정자	간체자	정자	간체자
箇	个	開	开	關	关
觀	观	乾	乾	塊	块
橋	桥	階	阶	鷄	鸡
貴	贵	軍	军	劇	剧
幾	几	機	机	喫	吃
農	农	壇	坛	達	达
圖	图	東	东	動	动
頭	头	樂	乐	蘭	兰
涙	泪	歷	历	陸	陆
龍	龙	隣	邻	買	买
滅	灭	無	无	門	门
發	发	飛	飞	賓	宾
氷	冰	書	书	歲	岁
術	术	習	习	實	实

정자	간체자	정자	간체자	정자	간체자
兒	儿	亞	亚	藥	药
業	业	葉	叶	藝	艺
烟	烟	郵	邮	衛	卫
遠	远	園	园	雜	杂
長	长	將	将	醬	酱
災	灾	電	电	專	专
戰	战	錢	钱	際	际
從	从	遲	迟	進	进
車	车	廳	厅	總	总
親	亲	稱	称	湯	汤
筆	笔	蝦	虾	漢	汉
護	护	華	华	歡	欢
環	环	還	还		

Part 1
기본표현

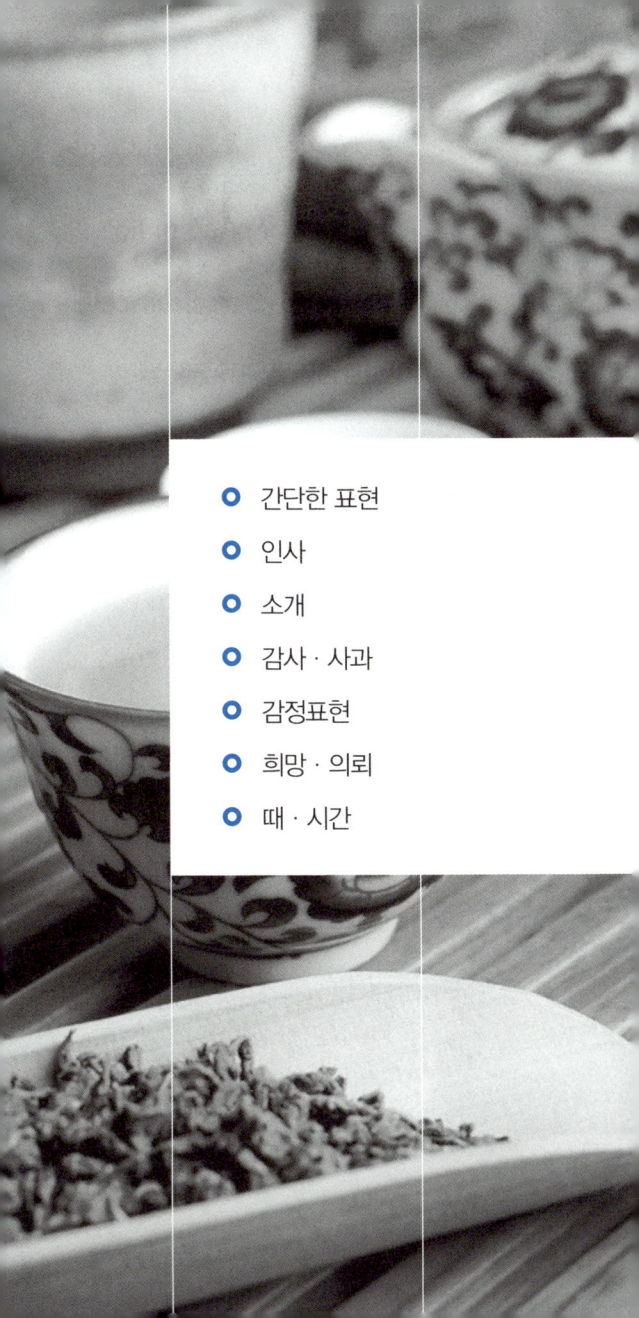

- 간단한 표현
- 인사
- 소개
- 감사 · 사과
- 감정표현
- 희망 · 의뢰
- 때 · 시간

간단한 표현

예.

아뇨, 아닙니다.

그렇습니다.

그렇습니까?

그렇지 않습니다.

아뇨.

좋아요.

좋다.

기본 표현

Shì
是。
스

Bù   bú shì
不, 不是。
뿌, 부스

Shì de
是的。
스더

Shì ma
是吗?
스마

Bú shì
不是。
부스

Bù
不。
뿌

Xíng
行。
싱

Hǎo
好。
하오

간단한 표현

좋습니다.

괜찮습니까?

괜찮습니다.

안 됩니다.

아시겠습니까?

알았습니다.

모르겠습니다.

필요합니까?

기본 표현

Hǎo de
好的。
하오 더

Kěyǐ ma
可以吗?
크어이 마

Kěyǐ
可以。
크어이

Bù xíng
不行。
뿌 싱

Dǒng le ma
懂了吗?
동 러 마

Dǒng le
懂了。
동 러

Bù dǒng
不懂。
뿌 동

Yào ma
要吗?
야오 마

간단한 표현

필요합니다.

필요 없습니다.

있습니까?

있습니다.

없습니다.

찬성입니까?

찬성입니다.

찬성하지 않습니다.

기본 표현

Yào
要。
야오

Bú yào
不要。
부 야오

Yǒu ma
有吗?
여우 마

Yǒu
有。
여우

Méi yǒu
没有。
메이 여우

Nǐ tóngyì ma
你同意吗?
니 통이 마

Tóngyì
同意。
통이

Bù tóngyì
不同意。
뿌 통이

간단한 표현

아십니까?

알고 있습니다.

모르겠습니다.

실례지만, … ⟨다른 사람에게 말을 걸 때⟩

화장실에 가고 싶다.

화장실은 어디입니까?

거기입니다.

무슨 일이죠?

기본 표현

Zhīdào ma
知道吗?
쯔°따오 마

Zhīdào
知道。
쯔°따오

Bù zhīdào
不知道。
뿌 쯔°따오

Duì bu qǐ
对不起,。。。
뚜에이 부 치

Wǒ xiǎng qù cèsuǒ
我想去厕所。
워 시앙 취 처쑤어

Cèsuǒ zài nǎr
厕所在哪儿?
쳐쑤어 짜이 나알

Zài nàbiān
在那边。
짜이 나삐엔

Nǐ zěnme le
你怎么了?
니 전머 러

간단한 표현

괜찮습니까?

괜찮습니다.

피곤했습니까?

약간 피곤했습니다.

피곤하지 않습니다.

모두 모였습니까?

모두 모였습니다.

준비되었습니까?

기본 표현

Nǐ méishìr ba
你没事儿吧?
니 메이셜˚ 바

Méishìr
没事儿。
메이셜˚

Lèi le ma
累了吗?
레이 러 마

Yǒu diǎnr lèi le
有点儿累了。
여우 디알 레이 러

Bú lèi
不累。
부 레이

Rén dōu dào qí le ma
人都到齐了吗?
런˚ 떠우 따오 치 러 마

Dào qí le
到齐了。
따오 치 러

Zhǔnbèi hǎo le ma
准备好了吗?
준˚뻬이 하오 러 마

간단한 표현

준비되었습니다.

아직입니다.

한국어를 할 수 있습니까?

조금 할 수 있습니다.

전혀 할 수 없습니다.

이것은 무엇입니까?

바쁘세요?

한가합니다. 당신은요?

기본 표현

Zhǔnbèi hǎo le
准备好了。
쭌°뻬이 하오 러

Hái méi yǒu
还没有。
하이 메이 여우

Nǐ huì shuō Hánguóyǔ ma
你会说韩国语吗?
니 후에이 수°어 한구어위 마

Huì yìdiǎnr
会一点儿。
후에이 이디알

Yìdiǎnr yě bú huì
一点儿也不会。
이디알 이에 부 후에이

Zhè shì shénme
这是什么?
쩌° 스 °션°머

Máng ma
忙吗?
망 마

Bù máng.　Nǐ máng bu máng
不忙。你忙不忙?
뿌 망　　니 망 부 망

간단한 표현

그저 그렇습니다.

잠시 기다려 주세요.

먼저 하세요.

잘 주무셨습니까?

잘 잤습니다.

날씨가 어떻습니까?

기본 표현

Mǎma hūhu
马马虎虎。
마마 후후

Qǐng shāo děng yíxià
请稍等一下。
칭 샤°오 덩 이시아

Nín xiān qǐng
您先请。
닌 시엔 칭

Xiūxi de hǎo ma
休息得好吗?
시우시 더 하오 마

Shuìde kěxiāng le
睡得可香了。
쑤°에이더 커시앙 러

Tiānqì zěnmeyàng
天气怎么样?
티엔치 전머양

정처없이 여행을 해 보라.
늘 아는 길만 다니는 것은 안전하기는 해도 지루하다.
모르는 길을 헤매면서 새로운 것을 많이 배운다.
-박광철, "부끄러운 A학점보다 정직한 B학점이 낫다"-

인사

안녕하십니까? 〈아침인사〉

안녕하세요? 〈아침인사〉

안녕하세요? 〈저녁 인사〉

안녕히 주무세요? 〈밤에 헤어질 때의 인사〉

오서 오세요.

건강하세요?

덕분에 건강합니다.

오랜만입니다.

기본 표현

Zǎoshang hǎo
早上好。
자오샹° 하오

Nǐ hǎo
你好。
니 하오

Wǎnshang hǎo
晚上好。
완샹° 하오

Wǎn'ān
晚安。
완안

Nín lái le
您来了。
닌 라이 러

Nǐ shēntǐ hǎo ma
你身体好吗?
니 션°티 하오 마

Hěn hǎo, xièxie
很好,谢谢。
흐언 하오, 시에시에

Hǎojiǔ méi jiàn le
好久没见了。
하오지우 메이 찌엔 러

인사

요즘 어떻습니까?

여전합니다.

안녕히 가세요!

몸조심하세요.

또 와 주세요.

또 만나요!

가족 분들에게 안부 전해 주세요.

급한 용무가 있어서 실례하겠습니다.

기본 표현

Zuìjìn zěnmeyàng
最近怎么样？
쭈에이찐 전머양

Háishi lǎo yàngzi
还是老样子。
하이스ᵒ라오 양즈

Zàijiàn
再见!
짜이찌엔

Nín mànzǒu
您慢走。
닌 만저우

Yǐhòu cháng lái
以后常来。
이허우 창ᵒ 라이

Zàihuì
再会。
짜이후에이

Qǐng xiàng nǐ jiāshǔ wènhǎo
请向你家属问好。
칭 시앙 니 찌아수ᵒ 원하오

Duì bu qǐ,　wǒ yǒu jíshì,　shīpéi le
对不起，我有急事，失陪了。
뚜에이 부 치,　워 여우 지스ᵒ,　스ᵒ페이 러

49

인사

다녀오겠습니다.

빨리 다녀오세요.

다녀왔습니다.

다녀오셨어요.

생일 축하합니다.

새해 축하해요.

좋은 한 해를...

하시는 일 순조롭기를...

기본 표현

Wǒ zǒu le
我走了。
워 저우 러

Zǎo diǎnr huílái a
早点儿回来啊。
자오 디알 후에이라이 아

Wǒ huílái le
我回来了。
워 후에이라이 러

Nǐ huílái le
你回来了。
니 후에이라이 러

Zhù nǐ shēngrì kuàilè
祝你生日快乐。
쭈°니 셩°르° 쿠아이러

Xīnnián hǎo
新年好!
신니엔 하오

Zhù nǐ xīnnián kuàilè
祝你新年快乐。
쭈°니 신니엔 쿠아이러

Zhù nǐ gōngzuò shùnlì
祝你工作顺利。
쭈°니 꽁쭈어 순°리

인사

건강을 기원합니다.

가족 여러분의 행복을 기원합니다.

성공을 기원합니다.

Zhù nǐ shēntǐ jiànkāng
祝你身体健康。
쭈°니 션°티 찌엔캉

Zhù nǐ quánjiā xìngfú
祝你全家幸福。
쭈°니 취엔찌아 싱푸´

Zhù nǐ chénggōng
祝你成功。
쭈°니 청°꿍

감사할 때

상대의 행위나 배려에 고마움을 표현할 때는 보통「谢谢! Xièxie (감사합니다!)」또는 강조하여「非常谢谢! Fēicháng xièxie (대단히 감사합니다!)」라고 한다. 만약 상대방으로부터 감사하다는 인사를 받았을 때는「不客气。Búkèqì (별말씀을요.)」라고 하거나「不用谢。Búyòngxiè / 别谢。Biéxiè (감사할 필요는 없습니다.)」라고 말합시다. 중국인은 선물을 주고받는 것을 무척 좋아한다. 만약 여러분이 중국인을 만날 기회가 있다면 선물을 준비해두는 것도 빨리 친해지는 한 방법이 될 것이다.

소개

잘 오셨어요.

처음 뵙겠습니다. 잘 부탁드립니다.

저야말로 잘 부탁드립니다.

성함이 어떻게 되시죠?

제 이름은 김동수입니다.

이쪽은 이 선생님입니다.

뵙게 되어 아주 기쁩니다.

기본 표현

Huānyíng, huānyíng
欢迎，欢迎！
후안잉, 후안잉

Chūcì jiànmiàn, qǐng duōduō guānzhào
初次见面，请多多关照。
추˚츠 찌엔미엔, 칭 뚜어뚜어 꾸안짜˚오

Bǐcǐ, bǐcǐ
彼此，彼此。
비츠, 비츠

Nín guì xìng
您贵姓？
닌 꾸에이 싱

Wǒ jiào Jīn dōng zhū
我叫金东洙。
워 찌아오 찐 똥 주˚

Zhè wèi shì xiǎoLǐ
这位是小李。
쩌˚웨이 스˚시아오 리˚

Néng jiàn dào nǐ, hěn róngxìng
能见到您，很荣幸。
넝 찌엔 따오 닌, 흐언 롱˚싱

감사·사과

감사합니다.

대단히 고마웠습니다.

천만에요.

미안합니다.

어제는 대단히 실례했습니다.

요즘 큰 폐를 끼쳤습니다.

항상 폐를 끼쳐서 정말 죄송합니다.

별일 아닙니다, 걱정하실 필요 없습니다.

기본 표현

Xièxie
谢谢。
시에시에

Xièxie nín
谢谢您。
시에시에 닌

Bú yòng xiè
不用谢。
부 용 시에

Duì bu qǐ
对不起。
뚜에이 부 치

Zuótiān tài dǎjiǎo le
昨天太打搅了。
주어티엔 타이 다지아오 러

Shàngcì tài máfan nǐ le
上次太麻烦你了。
샹°츠 타이 마판'니 러

chángcháng máfan nǐ, zhēn duì bu qǐ
常常麻烦你，真对不起。
창°창° 마판' 니, 쩐 뚜에이 부치

Nǎli, nǐ tài kèqile
哪里，你太客气了。
나리, 니 타이 크어치 러

감사 · 사과

그저 마음뿐입니다.

기본 표현

Zhè shì wǒ de yìdiǎnr xīnyì
这是我的一点儿心意。
쩌° 스° 워 더 이디알 신이

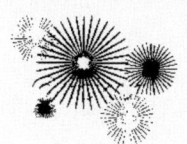

사과할 때

상대방에게 실수를 하거나 잘못을 했을 때 우선 정중하게 사과를 하고 용서를 구하는 것이 도리이다. 사과나 사죄를 할 때「对不起。Duìbuqǐ (미안합니다)」등의 표현 외에도「抱歉 Bàoqiàn, 过意不去 Guòyì búqù, 不好意思 Bùhǎo yìsi」등도 많이 쓰입니다.「사과드립니다」라고 할 때는「我想您道歉 Wǒxiǎng nín dàoqiàn」라고 하며, 용서를 구할 때는「请您原谅我 Qǐngnín yuánliàng wǒ (용서해 주십시오.)」라고 한다.

감정표현

정말 훌륭했어요.

매우 잘했어요.

멋져요!

아주 기쁩니다.

유감입니다.

아주 기분이 나쁩니다.

아, 괴롭다.

아주 지루하겠지요.

기본 표현

Jīngcǎi jí le
精彩极了。
찡차이 지 러

Hǎo jí le
好极了。
하오 지 러

Zhēn bàng
真棒!
쩐⁺빵

Fēicháng gāoxìng
非常高兴。
페′이창° 까오싱

Yíhàn
遗憾。
이한

Fēicháng bù yúkuài
非常不愉快。
페′이창° 뿌 위쿠아이

Wei nán
为难。
웨이 난

Tài wúliáo le
太无聊了。
타이 우리아오 러

감정표현

안됐군요.

섭섭하다.

중국어를 잘 하는군요.

과찬의 말씀입니다.

앵콜!

좀 조용히!

놀라지 말아요!

기본 표현

Hǎo kělián
好可怜。
하오 크어리엔

Jìmò
寂寞。
찌모어

Nǐ de Zhōngwén jiǎng de zhēn hǎo
你的中文讲得真好。
니 더 쭝원 지앙 더 쩐°하오

Nǎli, nǐ guòjiǎng le
哪里，你过奖了。
나리, 니 꾸어지앙 러

Zài lái yí ge
再来一个。
짜이 라이 이 거

Ānjìng yìdiǎnr
安静一点儿!
안찡 이디알

Bié kāiwánxiào
别开玩笑!
비에 카이완시아오

희망·의뢰

여기에 써 주시겠습니까?

우산을 빌려 주시겠습니까?

사진을 찍어도 되겠습니까?

담배를 피워도 되겠습니까?

셔터를 좀 눌러 주시겠습니까?

실례지만, 이 글자를 어떻게 읽습니까?

사용법을 가르쳐 주시겠습니까?

함께 갈까요?

기본 표현

Qǐng xiě zài zhèr, hǎo ma
请写在这儿，好吗？
칭 시에 짜이 쩌°얼. 하오 마

Jiè wǒ yì bǎ yǔsǎn, xíngma
借我一把雨伞，行吗？
찌에 워 이 바 위싼. 씽마

Kěyǐ zhàoxiàng ma
可以照相吗？
크어이 짜°오씨앙 마

Kěyǐ xīyān ma
可以吸烟吗？
크어이 시이엔 마

Láojià, tì wǒ àn yíxià ménlínr hǎo ma
劳驾，替我按一下门铃儿好吗？
라오찌아. 티 워 안 이시아 먼리알 하오 마

Qǐngjiào yíxià, zhè ge zì zěnme niàn
请教一下，这个字怎么念？
칭찌아오 이시아. 쩌°거 쯔 전머 니엔

Néng jiào wǒ yòngfǎ ma
能教我用法吗？
넝 찌아오 워 용파' 마

Yìqǐ qù ba
一起去吧？
이치 취 바

65

희망·의뢰

그럼 부탁하겠습니다.

나중에 다시 이야기합시다.

도와 드릴까요?

제가 하겠습니다.

그것을 집어 주시겠습니까?

기본 표현

Nà jiù bàituō le
那就拜托了。
나 찌우 빠이투어 러

Yǐhòu zài shuō ba
以后再说吧。
이허우 짜이 수°어 바

Wǒ lái bāngmáng
我来帮忙。
워 라이 빵망

Wǒ zìjǐ zuò
我自己做。
워 쯔지 쭈어

Qǐng bǎ nà ge dōngxi nálai,　hǎo ma
请把那个东西拿来，好吗？
칭 바 나 거 똥시 나 라이,　하오 마

여러 곳을 여행한 자만이 지혜롭다. -아이슬란드 속담-

때·시간

시간 있습니까?

시간이 없습니다.

얼마나 걸립니까?

2주간 정도 걸립니다.

얼마나 기다리셨습니까?

그녀를 한 시간 기다렸습니다.

얼마나 체재하실 겁니까?

3일간입니다.

기본 표현

Yǒu shíjiān ma
有时间吗?
여우 스°찌엔 마

Méi yǒu shíjiān
没有时间。
메이 여우 스°찌엔

Yào duōcháng shíjiān
要多长时间?
야오 뚜어창° 스°찌엔

Dàyuē xūyào liǎngzhōu
大约需要两周。
따위에 쉬야오 리앙쭈°어

Děng le duōcháng shíjiān
等了多长时间?
덩 러 뚜어창° 스°찌엔

Děng le tā yí ge xiǎoshí
等了她一个小时。
덩 러 타 이 거 시아오스°

Tíngliú duōjiǔ
停留多久?
팅리우 뚜어지우

Sān tiān
三天。
싼 티엔

때·시간

당일치기를 할 수 있습니까?

중국에 와서 얼마나 되었습니까?

3년 정도입니다.

오늘은 몇 월 며칠입니까?

오늘은 3월 13일입니다.

그녀의 생일은 9월 10일입니다.

오늘은 무슨 요일입니까?

오늘은 금요일입니다.

기본 표현

Dāngtiān qù dāngtiān néng huílái ma
当天去当天能回来吗?
땅티엔 취 땅티엔 넝 후에이라이 마

Nǐ lái Zhōngguó jǐ nián le
你来中国几年了?
니 라이 쯩°구어 지 니엔 러

Chà bu duō sān nián le
差不多三年了。
차°부 뚜어 싼 니엔 러

Jīntiān jǐ yuè jǐ hào
今天几月几号?
찐티엔 지 위에 지 하오

Jīntiān sān yuè shísān hào
今天三月十三号。
찐티엔 싼 위에 스°싼 하오

Tā de shēngrì shì jiǔ yuè shí hào
她的生日是九月十号。
타 더 셩°르° 스° 지우 위에 스°하오

Jīntiān xīngqījǐ
今天星期几?
찐티엔 싱치지

Jīntiān xīngqīwǔ
今天星期五。
찐티엔 싱치우

때 · 시간

그는 무슨 요일에 오죠?

오늘밤 친구 집에 갈 겁니다.

모레 시간이 있습니까?

내일 호텔 로비에서 만나요.

미안합니다, 늦었어요.

이번 일요일에 쉬십니까?

다음 주 월요일에 만나요.

당신은 언제 출발합니까?

기본 표현

Tā xīngqījǐ lái
他星期几来?
타 싱치지 라이

Jīn wǎn qù péngyou jiā
今晚去朋友家。
찐 완 취 펑여우 찌아

Hòutiān yǒu shíjiān ma
后天有时间吗?
허우티엔 여우 스ʼ찌엔 마

Míngtiān zài fàndiàn dàtīng pèngtóu ba
明天在饭店大厅碰头吧。
밍티엔 짜이 판ʼ띠엔 따팅 펑터우 바

Duì bu qǐ, wǒ lái wǎn le
对不起,我来晚了。
뚜에이 부 치, 워 라이 완 러

Zhè ge xīngqītiān nǐ xiūxi ma
这个星期天你休息吗?
쩌ʼ거 싱치티엔 니 시우시 마

Xià xīngqīyī jiàn
下星期一见。
시아 싱치이 찌엔

Nǐ nǎtiān zǒu
你哪天走?
니 나티엔 저우

때·시간

당신은 언제 북경에 가죠?

다음 달 10일 경입니다.

다음 달 중순에 고향으로 돌아갈 예정입니다.

나는 겨울 휴가 때 미국에 갔었다.

작년 나는 중국에 갔었다.

지금 몇 시입니까?

몇 시가 좋겠습니까?

업무는 몇 시부터입니까?

기본 표현

Nǐ shénme shíhou qù Běijīng
你什么时候去北京？
니 션˚머 스˚허우 취 베이찡

Zhè ge yuè shíhào zuǒyòu
这个月十号左右。
쩌˚거 위에 스˚하오 주어여우

Xià ge yuè zhōngxún dǎsuan huí lǎojiā
下个月中旬打算回老家。
시아 거 위에 쭝˚쉰 다쑤안 후에이 라오찌아

Wǒ hánjià qù Měiguó le
我寒假去美国了。
워 한찌아 취 메이구어 러

Qùnián wǒ qù Zhōngguó le
去年我去中国了。
취니엔 워 취 쭝˚구어 러

Xiànzài jǐ diǎn
现在几点？
시엔짜이 지 디엔

Jǐ diǎn fāngbiàn
几点方便？
지 디엔 팡′삐엔

Jǐ diǎn shàngbān
几点上班？
지 디엔 샹˚빤

때 · 시간

몇 시까지입니까?

매일 아침 몇 시에 일어나십니까?

지금 9시 5분 전입니다.

벌써 10시가 됐네.

8시가 지났을 뿐입니다.

아직 일러요.

아침식사 시간은 7시부터 8시까지입니다.

벌써 늦었어요.

기본 표현

Dào jǐ diǎn
到几点？
따오 지 디엔

Měitiān zǎoshang jǐ diǎn qǐchuáng
每天早上几点起床？
메이티엔 자오샹° 지 디엔 치추°앙

Xiànzài chà wǔ fēn jiǔ diǎn
现在差五分九点。
시엔짜이 차°우 펀′ 지우 디엔

Xiànzài shí diǎn le ba
现在十点了吧。
시엔짜이 스° 디엔 러 바

Gāng bā diǎn duō
刚八点多。
깡 빠 디엔 뚜어

Hái zǎo ne
还早呢。
하이 자오 너

Zǎofàn cóng qī diǎn dào bā diǎn
早饭从七点到八点。
자오판′ 총 치 디엔 따오 빠 디엔

Shíjiān bù zǎo le
时间不早了。
스°찌엔 뿌 자오 러

때 · 시간

벌써 1시인데 그는 어째서 오지 않을까?

기본 표현

Dōu yì diǎn le, tā zěnme hái bù lái
都一点了，他怎么还不来。
떠우 이 디엔 러, 타 전머 하이 뿌 라이

tip

기쁠 때

「기쁘다, 즐겁다」의 표현에는 대표적으로「高兴(gāoxìng), 开心(kāixīn)」등이 사용되며, 그 정도가 매우 대단함을 나타낼 때는「很 hěn, 好 hǎo, 真 zhēn, 太 tài」등의 부사어를 앞에 붙여 다양하게 자신의 기쁜 마음을 표현할 수 있다. 또한 다른 사람의 행복이나 즐거움을 기원할 때는「祝你幸福。Zhùnǐ xìngfú (행복을 기원합니다.)」등의 표현을 사용하면 된다.

차날 때

사람들과의 관계 속에서 갈등이나 언쟁은 생길 수도 있겠지만 인내하고 양보하여 가능하면 누군가에게 화를 내거나 비난하는 것은 피하는 게 원만한 관계를 위해서도 좋은 일이다. 더구나 외국인과의 불협화음을 일으키는 것은 개인은 물론 교민, 국가에도 체면의 손상을 끼치게 되며, 개인의 신변의 안전을 위해서도 삼가야 한다. 상대가 화를 내면「别生气了。Biéshēngqìle (화내지 마세요.)」라고 말하면 된다.

계절 이름

春天 [chūntiān 춘°티엔] 봄
夏天 [xiàtiān 시아티엔] 여름
秋天 [qiūtiān 치우티엔] 가을
冬天 [dōngtiān 똥티엔] 겨울

월 이름

一月 [yī yuè 이 위에] 1월
二月 [èr yuè 얼 위에] 2월
三月 [sān yuè 싼 위에] 3월
四月 [sì yuè 쓰 위에] 4월
五月 [wǔ yuè 우 위에] 5월
六月 [liù yuè 리우 위에] 6월
七月 [qī yuè 치 위에] 7월
八月 [bā yuè 빠 위에] 8월
九月 [jiǔ yuè 지우 위에] 9월
十月 [shí yuè 스° 위에] 10월
十一月 [shíyī yuè 스°이 위에] 11월
十二月 [shí'èr yuè 스°얼 위에] 12월

요일 이름

星期天 [xīngqītiān 싱치티엔] 일요일

星期一 [xīngqīyī 싱치이] 월요일

星期二 [xīngqī'èr 싱치얼] 화요일

星期三 [xīngqīsān 싱치싼] 수요일

星期四 [xīngqīsì 싱치쓰] 목요일

星期五 [xīngqīwǔ 싱치우] 금요일

星期六 [xīngqīliù 싱치리우] 토요일

때·시간과 관련된 용어

早上 [zǎoshang 자오샹] 아침

白天 [báitiān 바이티엔] 낮

晚上 [wǎnshang 완샹] 저녁

上午 [shàngwǔ 샹우] 오전

中午 [zhōngwǔ 쫑우] 정오

下午 [xiàwǔ 시아우] 오후

早晨 [zǎochén 자오천] 새벽

傍晚 [bàngwǎn 빵완] 해질녘

大前天 [dàqiántiān 따치엔티엔] 그끄저께

때·시간과 관련된 용어

前天 [qiántiān 치엔티엔] 그저께

昨天 [zuótiān 주어티엔] 어제

今天 [jīntiān 찐티엔] 오늘

明天 [míngtiān 밍티엔] 내일

后天 [hòutiān 허우티엔] 모레

大后天 [dàhòutiān 따허우티엔] 글피

昨天晚上 [zuótiān wǎnshang 주어티엔 완샹°] 어제 저녁

今天早上 [jīntiān zǎoshang 찐티엔 자오샹°] 오늘 아침

今天晚上 [jīntiān wǎnshang 찐티엔 완샹°] 오늘 저녁

每天 [měitiān 메이티엔] 매일

天 [tiān 티엔] 하루(일)

号 [hào 하오] 일(날짜)

上个星期 [shàng ge xīngqī 샹°거 싱치] 지난 주

这个星期 [zhè ge xīngqī 쩌°거 싱치] 이번 주

下个星期 [xià ge xīngqī 시아 거 싱치] 다음 주

每个星期 [měi ge xīngqī 메이 거 싱치] 매주

周末 [zhōumò 쩌°우모어] 주말

一个星期 [yí ge xīngqī 이 거 싱치] 1주일

上个月 [shàng ge yuè 샹°거 위에] 지난 달

这个月 [zhè ge yuè 쩌°거 위에] 이번 달

下个月 [xià ge yuè 시아 거 위에] 다음 달

每个月 [měi ge yuè 메이 거 위에] 매달

一个月 [yí ge yuè 이 거 위에] 한 달

前年 [qiánnián 치엔니엔] 재작년

去年 [qùnián 취니엔] 작년

今年 [jīnnián 찐니엔] 올해

明年 [míngnián 밍니엔] 내년

后年 [hòunián 허우니엔] 후년

每年 [měinián 메이니엔] 매년

一年 [yì nián 이 니엔] 한 해

以前 [yǐqián 이치엔] 이전

以后 [yǐhòu 이허우] 이후

最初 [zuìchū 쭈에이추°] 최초, 맨 처음

最后 [zuìhòu 주에이허우] 최후, 맨 마지막

钟表 [zhōngbiǎo 쭁°비아오] 시계

手表 [shǒubiǎo 셔°우비아오] 손목시계

때·시간과 관련된 용어

点 [diǎn 디엔] 시

小时 [xiǎoshí 시아오스ʳ] 시간

分 [fēn 펀ˊ] 분

半 [bàn 빤] 반, 30분

快 [kuài 쿠아이] 빠르다

慢 [màn 만] 느리다

对表 [duìbiǎo 뚜에이비아오] 시계를 맞추다

손가락으로 숫자세는 법

一 [(yī 이)] 일

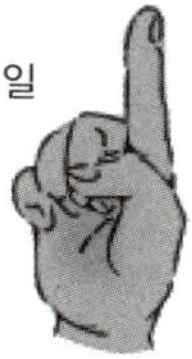

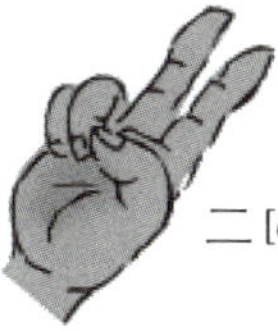

二 [èr 얼] 이

三 [sān 싼] 삼

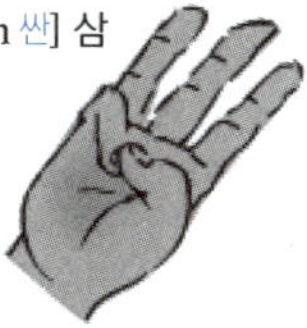

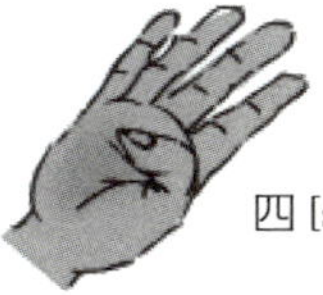

四 [sì 쓰] 사

五 [wǔ 우] 오

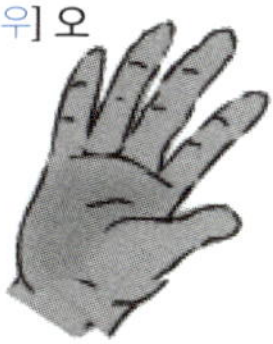

六 [liù 리어우] 육

七 [qī 치] 칠

八 [bā 빠] 팔

九 [jiǔ 지어우] 구

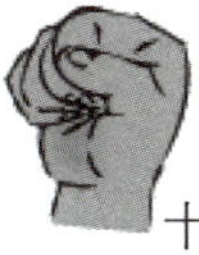

十 [shí 스] 십

Part 2
출발·도착

- 공항 · 세관
- 환전
- 호텔

공항·세관

입국카드를 써 주세요.

입국 목적은 무엇입니까?

어디에서 체재하실 겁니까?

하물을 찾는 곳은 어디입니까?

대한항공 카운터는 어디입니까?

몇 시 비행기입니까?

어떤 편에 탈 겁니까?

926편은 몇 분 지연됩니까?

출발·도착

Qǐng tiánxiě rùjìngkǎ
请填写入境卡。
칭 티엔시에 루˚찡카

Rùjìng mùdì shì shénme
入境目的是什么?
루˚찡 무띠 스˚ 션˚머

Zài nǎr dòuliú
在哪儿逗留?
짜이 나알 떠우리우

Zài nǎr qǔ xíngli
在哪儿取行李?
짜이 나알 취 싱리

Dàhánhángkōnggōngsī de guìtái zài nǎr
大韩航空公司的柜台在哪儿?
따한항콩꽁쓰 더 꾸에이타이 자이 나알

Jǐ diǎn de qǐfēi
几点的起飞?
지 디엔 더 치페'이

Chéng nǎ ge bānjī
乘哪个班机?
청 나 거 빤지

Jiǔ'èrliù bānjī wǎn jǐ fēn
926班机晚几分?
지우얼리우 빤찌 완 지 펀´

공항·세관

여권과 항공권을 보여 주세요.

세관신고서는 가지고 있습니까?

신고할 것은 없습니다.

하물을 열어 보여 주세요.

이 카메라 역시 지니고 돌아가실 겁니까?

검사가 끝났습니다.

출발·도착

Qǐng ràng wǒ kàn yíxià nǐ de hùzhào hé jīpiào
请让我看一下你的护照和机票。
칭 랑°워 칸 이시아 니 더 후짜°오 흐어 찌피아오

Nǐ yǒu hǎiguān shēnbàobiǎo ma
你有海关申报表吗?
니 여우 하이꾸안 션°빠오비아오 마

Méiyǒu shēnbào de dōngxi
没有申报的东西。
메이여우 션°빠오 더 똥시

Qǐng dǎkāi xíngli kànkan
请打开行李看看。
칭 다카이 싱리 칸칸

Zhè ge zhàoxiàngjī hái dài huíqù ma
这个照相机还带回去吗?
쩌°거 짜°오시앙찌 하이 따이 후에이취 마

Jiǎnchá wán le
检查完了。
지엔차° 완 러

진정한 여행은 새로운 배경을 얻는 것이 아니라
새로운 시야를 갖는 것이다.
-최정민-

환전

환전은 어디서 합니까?

은행이나 호텔에서 환전할 수 있습니다.

은행이 어디 있습니까?

돈을 바꾸고 싶습니다.

실례지만 환전을 부탁하겠습니다.

어떤 외화를 가지고 계십니까?

오늘의 환율은 얼마입니까?

한 번에 얼마 정도 바꿀 수 있습니까?

출발·도착

Zài nǎr huànqián
在哪儿换钱?
짜이 나알 후안치엔

Zài yínháng huò fàndiàn néng huànqián
在银行或饭店能换钱。
짜이 인항 후어 판′띠엔 넝 후안치엔

Yínháng zài nǎr
银行在哪儿?
인항 짜이 나알

Wǒ xiǎng huànqián
我想换钱。
워 시앙 후안치엔

Máfan nǐ, gěi wǒ huàn yīxià
麻烦你,给我换一下钱?
마판′ 니, 께이 워 후안 이씨아 치엔

Nǐ dài de shì shénme wàibì
你带的是什么外币?
니 따이 더 스°션°머 와이삐

Jīntiān de huànlǜ duōshao
今天的换率是多少?
찐티엔 더 후안뤼 스 뚜어사°오

Yí cì néng huàn duōshao
一次能换多少?
이 츠 넝 후안 뚜어사°오

환전

얼마라도 상관없습니다.

1원짜리 지폐로 주십시오.

동전으로 주십시오.

출발·도착

Duōshao dōu xíng
多少都行。
뚜어사°오 떠우 싱

Qǐng huàn chéng yì yuán de
请换成一元的。
칭 후안 청°이 위엔 더

Qǐng huàn chéng yìngbì
请换成硬币。
칭 후안 청°잉삐

> 자기와 다른 사람들을 개선하려고
> 나라를 떠나는 자는 철학자이지만,
> 호기심이란 맹목적인 충동에 사로잡혀
> 여행을 떠나는 자는 방랑자에 지나지 않는다
> 고울드 스미스-

호텔

예약을 했습니다.

빈 방 없습니까?

욕실이 붙은 방을 부탁합니다.

싱글 방 요금은 하룻밤 얼마입니까?

하룻밤만 부탁합니다.

체크아웃은 몇 시입니까?

아침식사는 포함되어 있습니까?

아침식사는 몇 시부터입니까?

출발·도착

Yùyuē hǎo le
预约好了。
위위에 하오 러

Yǒu kòng fángjiān ma
有空房间吗?
여우 콩 팡′찌엔 마

Wǒ yào dài yùshì de fángjiān
我要带浴室的房间。
워 야오 따이 위스°더 팡′찌엔

Dānrénfángjiān yì xiǔ duōshao qián
单人房间一宿多少钱?
딴런° 팡′찌엔 이 시우 뚜어샤°오 치엔

Wǒ zhù yí xiǔ
我住一宿。
워 쭈° 이 시우

Jǐ diǎn tuìfáng
几点退房?
지 디엔 투에이팡′

Dài zǎofàn ma
带早饭吗?
따이 자오판′ 마

Zǎofàn jǐ diǎn kāishǐ
早饭几点开始?
자오판′ 지 디엔 카이스°

호텔

더운 물이 나오지 않습니다.

화장실에 물이 내려가지 않습니다.

목욕 수건이 없습니다.

에어컨이 고장입니다.

전등이 켜지지 않습니다.

그것을 고쳐 주시겠습니까?

방 안에 열쇠를 두고 나왔습니다.

열쇠가 망가져 있습니다.

출발 도착

Bù chū rèshuǐ
不出热水。
부 추°르°어르수°에이

Cèsuǒ méiyǒu shuǐ
厕所没有水。
츠어쑤어 메이여우 수°에이

Méiyǒu yùjīn
没有浴巾。
메이여우 위찐

Kōngtiáo huài le
空调坏了。
콩티아오 후아이 러

Dēng bú liàng
灯不亮。
떵 부 리앙

Néng bāng wǒ xiū yíxià nà ge dōngxi ma
能帮我修一下那个东西吗?
넝 빵 워 시우 이시아 나 거 똥시 마

Yàoshi wàng zài fángjiān li le
钥匙忘在房间里了。
야오스° 왕 짜이 팡′찌엔 리 러

Yàoshi huài le
钥匙坏了。
야오스° 후아이 러

호텔

텔레비전이 켜지지 않습니다.

Diànshì huài le
电视坏了。
띠엔스° 후아이 러

tip

좋은 호텔을 선정하는 방법

그 지방에 도착하면 먼저 지도를 구입한다. 지도에 기재되어 있는 호텔은 비교적 좋은 호텔이다. XX HOTEL이라고 적혀 있는 곳은 주로 2성급 이상이다. 문 앞에 도어맨이 있는 경우는 3성급 이상이며, 이런 호텔을 발견하면 먼저 여권을 제시하고 외국인이 묵을 수 있는지 물어보고 호텔 선정을 하도록 한다. 역에서 쪽지를 내놓고 호객하는 곳은 절대로 가지 말자. 같은 중국인들도 그곳에서 강도를 당하는 수가 많다. 가능한 한 2성급 이상, 외국인이 자주 이용하는 호텔에서 묵도록 한다.

체크인、체크아웃

일반적으로 14시 이후에는 체크인이 가능하다. 체크인할 때 여권을 보여주고 체크인 카드에 필요한 것을 기재한 후에 제시한다. 낮은 등급일 경우 각 층마다 안내원이 있어 문을 열어 주므로 특별한 열쇠가 없다. 체크아웃은 기본적으로 12시이다. 프런트에서 체크아웃의 의사를 표시하면 1차적으로 방을 체크한 후에 지불하면 된다.

세관과 관련된 용어

海关 [hǎiguān 하이꾸안] 세관

入境检查 [rùjìng jiǎnchá 루°찡 지엔차] 입국심사

护照 [hùzhào 후짜°오] 여권

护照号码 [hùzhào hàomǎ 후짜°오 하오마] 여권번호

申报表 [shēnbàobiǎo 션°빠오비아오] 신고서

出境 [chūjìng 추°찡] 출국

入境 [rùjìng 루°찡] 입국

飞机航班号 [fēijī hángbānhào 페´이찌 항빤하오] 항공편 번호

上税 [shàngshuì 샹°수°에이] 세금을 내다

入境登记卡 [rùjìngdēngjìkǎ 루°찡떵찌카] 입국신고서

出生日期 [chūshēngrìqī 추°셩°르°치] 생년월일

职业 [zhíyè 즈°이에] 직업

同行 [tóngxíng 통싱] 동행

签证 [qiānzhèng 치엔쩡°] 비자

名字 [míngzi 밍즈] 이름

姓 [xìng 싱] 성

출발·도착

地址 [dìzhǐ 띠즈°] 주소

国籍 [guójí 구어지] 국적

出生地 [chūshēngdì 추°성°띠] 출생지

日期 [rìqī 르°치] 날짜

签字 [qiānzì 치엔쯔] 서명

观光 [guānguàng 꾸안꾸앙] 관광

工作 [gōngzuò 꽁쭈어] 일

坐位 [zuòwèi 쭈어웨이] 자리, 좌석

免税店 [miǎnshuìdiàn 미엔수°에이띠엔] 면세점

机场 [jīchǎng 찌창°] 공항

班机 [bānjī 빤찌] 비행편

机票 [jīpiào 찌피아오] 비행기 표

起飞 [qǐfēi 치페′이] 이륙

到达 [dàodá 따오다] 도착

航空公司 [hángkōnggōngsī 항콩꽁쓰] 항공사

国内航线 [guónèi hángxiàn 구어네이 항시엔] 국내노선

国际航线 [guójì hángxiàn 구어찌 항시엔] 국제노선

돈과 관련된 용어

钱 [qián 치엔] 돈

零钱 [língqián 링치엔] 잔돈

韩元 [hányuán 한위엔] 한국 원화

人民币 [rénmínbì 런°민삐] 인민폐

元 [yuán 위엔] 원(화폐 단위)

角/毛 [jiǎo/máo 지아오/마오] 각(1원의 1/10)

分 [fēn 펀´] 분(1원의 1/100)

牌价 [páijià 파이찌아] 환율

兑换单 [duìhuàndān 뚜에이후안딴] 환율표

美元 [měiyuán 메이위엔] 미국 달러

英镑 [yīngbàng 잉빵] 영국 파운드

法郎 [fǎláng 파´랑] 프랑

港币 [gǎngbì 강삐] 홍콩 달러

중국으로 입국하기

중국 공항에서의 입국 절차는 대체로 간단한 편이다. 그리고 입국 절차시 필요한 서류는 중국으로 가는 비행기 안에서 승무원이 나누어 주는데, 이 때 작성하면 된다.

세관

작성할 때 카메라, 녹음기 등 개인사용 목적의 전자제품은 반드시 명시하고, 특히 세관신고서의 사본은 잘 보관해야 한다. 출국수속을 할 때 신고서에 명시되지 않았는데 추가되었거나, 없어진 물건이 있다는 사실이 세관원에게 적발될 경우에는 관세를 물어야 하기 때문이다.

중국 입국시 면세허용 범위

▶ 담배류
  6개월 미만 체류일 경우 20갑, 6개월 이상 체류 경우 30갑
▶ 알코올류
  6개월 미만의 체류 경우 2병, 6개월 이상의 체류 경우 4병
▶ 전자제품
  카메라, 무비카메라, 라디오, 시계, VTR 등. 단 출국할 때 가지고나온다는 조건에 한한다.
▶ 반입 금지품
  무기, 탄약, 중국 정부에 반하는 인쇄물, 포르노 물품, 무선송신기, 마약, 검역 받지 않은 동식물 등이 있다.

Part 3
교통기관

- 길묻기
- 역
- 기차
- 버스
- 택시

길 묻기

길을 잃어버렸습니다.

여기가 어디입니까?

실례지만, 역은 어디 있습니까?

만리장성에 어떻게 갑니까?

걸어서 얼마나 걸립니까?

바로 앞입니다.

똑바로 가면 노란 건물입니다.

머니까 버스로 가는 게 좋습니다.

교통기관

Mǐlù le
迷路了。
미루 러

zhè shì nǎr
这是哪儿?
쩌 쓰° 나알

Qǐngwèn, chēzhàn zài nǎr
请问，车站在哪儿?
칭원, 처°짠° 짜이 나알

Qù Wànlǐ Chángchéng zěnme zǒu
去万里长城怎么走?
취 완리창°청° 전머 저우

Bùxíng yào duōcháng shíjiān
步行要多长时间?
뿌씽 야오 뚜어창° 스°찌엔

Zài qiánbiān
在前边。
짜이 치엔비엔

Yìzhí wǎng qián zǒu, nà ge huángsè dàlóu jiù shì
一直往前走，那个黄色大楼就是。
이즈° 왕 치엔 저우, 나 거 후앙쓰어 따러우 찌우스°

Yīnwèi yuǎn, zuò gōnggòng qìchē qù wèi hǎo
因为远，坐公共汽车去为好。
인웨이 위엔, 쭈어 꽁꽁치처° 취 웨이 하오

109

역

표 주세요.

몇 장입니까?

35번 열차 서안까지 두 장 주세요.

언제입니까?

오늘입니다.

매진입니다.

내일 것은 있습니까?

하물을 맡기는 곳은 어디 있습니까?

교통기관

Mǎi piào
买票。
마이 피아오

Yào jǐ zhāng
要几张?
야오 지 짱°

Yào liǎng zhāng sānshí wǔ cì qù Xī'an de
要两张35次去西安的。
야오 리앙 짱° 싼스° 우 츠 취 시안 더

Yào jǐ hào de
要几号的?
야오 지 하오 더

Yào jīntiān de
要今天的。
야오 찐티엔 더

Yǐjing méi wán le
已经卖没了。
이찡 마이 메이 러

Míngtiān de yǒu ma
明天的有吗?
밍티엔 더 여우 마

Jìcúnchù zài nǎr
寄存处在哪儿?
찌춘추° 짜이 나알

기차

상해행 열차는 몇 번 홈입니까?

돈황까지 시간이 얼마나 걸립니까?

북경역은 몇 번째입니까?

역에 도착하면 가르쳐 주시겠습니까?

북경역에 도착했습니다. 내리세요.

부탁입니다. 좀 좁혀서 타 주십시오.

교통기관

Qù Shànghǎi de huǒchē shì jǐ hào zhàntái
去上海的火车是几号站台？
취 샹°하이 더 후어처° 스° 지 하오 짠°타이

Dào Dūnhuáng xūyào duōcháng shíjiān
到敦煌需要多长时间？
따오 뚠후앙 쉬야오 뚜어창° 스°찌엔

Dào Běijīng huǒchēzhàn hái yǒu jǐ zhàn
到北京火车站还有几站？
따오 베이찡 후어처°짠° 하이 여우 지 짠°

Dàozhàn néng gàosu yíxià ma
到站能告诉一下吗？
따오짠° 넝 까오수 이시아 마

Běijīng chēzhàn dào le, qǐng xiàchē
北京车站到了，请下车。
베이찡 처°짠° 따오 러,   칭 시아처°

Láojià,   jǐ yi jǐ,   ràng wǒ shàngqù
劳驾，挤一挤，让我上去。
라오찌아, 지 이 지,   랑° 워 샹°취

여행은 나에게 있어서
정신을 다시금 젊어지게 해 주는 샘이다
-안데르센-

버스

이 근처에 버스정류장은 있습니까?

역으로 가는 버스는 몇 번입니까?

101번 트롤리버스입니다.

박물관에 가려면 갈아타야 합니까?

교통기관

Zhè fùjìn yǒu gōnggòngqìchēzhàn ma
这附近有公共汽车站吗?
쩌° 푸′찐 여우 꽁꽁치처°짠° 마

Qù huǒchēzhàn zuò jǐ lù chē
去火车站坐几路车?
취 후어처°짠° 쭈어 지 루 처°

Zuò yāo líng yāo lù wúguǐ diànchē
坐101路无轨电车。
쭈어 야오 링 야오 루 우구에이 띠엔처°

Qù bówùguǎn yào huànchē ma
去博物馆要换车吗?
취 보어우구안 야오 후안처° 마

> tip
>
>
>
> **버스**
>
> 일반버스와 전차(無軌電車), 소형버스(小公共汽车)가 있다. 여러 개의 노선이 북경 시내 구석구석을 운행하며 노선안내도는 호텔이나 역, 터미널의 매점에서 구할 수 있다. 정류장에 정차 버스의 번호가 적혀 있으므로 확인한다. 승차 후 차장에게 행선지를 말하고 요금을 지불하면 차표를 준다. 요금은 거리마다 다르다.

택시

택시는 어디에서 탈 수 있습니까?

북경호텔까지 얼마입니까?

어디에서 내립니까?

이 근처에서 세워 주세요.

이 주소까지 가 주세요.

대사관까지 가 주세요.

교통기관

Nǎr yǒu chūzūchē
哪儿有出租车?
나알 여우 추ˇ쭈처ˇ

Dào Běijīngfàndiàn duōshao qián
到北京饭店多少钱?
따오 베이찡판'띠엔 뚜어샤'오 치엔

Zài nǎr xiàchē
在哪儿下车?
짜이 나알 시아처ˇ

Qǐng zài zhèr tíngchē
请在这儿停车。
칭 짜이 쩌˚얼 팅처ˇ

Qǐng qù zhè ge dìfāng
请去这个地方。
칭 취 쩌˚거 띠팡'

Qǐng kāi dào dàshǐguǎn
请开到大使馆。
칭 카이 따오 따스ˇ구안

쾌락은 우리를 자기 자신으로부터 떼어놓지만,
여행은 스스로에게 자신을 끌고가는 하나의 고행이다
-카뮈-

역과 관련된 용어

火车站 [huǒchēzhàn 후어처°짠°] 기차역

站台 [zhàntái 짠°타이] 플랫폼

问讯处 [wènxùnchù 원쉰추°] 안내소

售票处 [shòupiàochù 셔°우피아오추°] 매표소

买票 [mǎipiào 마이피아오] 표를 사다

退票 [tuìpiào 투에이피아오] 표를 환불하다

有效 [yǒuxiào 여우시아오] 유효

寄存处 [jìcúnchù 찌춘추°] 하물보관소

出租车 [chūzūchē 추°쭈처°] 택시

空车 [kōngchē 콩처°] 빈차

公共汽车 [gōnggòngqìchē 꽁꽁치처°] 버스

旅行车 [lǚxíngchē 뤼싱처°] 관광버스

旅游大巴 [lǚyóudàbā 뤼여우따빠] 관광버스

汽车 [qìchē 치처°] 자동차

轿车 [jiàochē 찌아오처°] 자가용

飞机 [fēijī 페´이찌] 비행기

船 [chuán 추°안] 배

自行车 [zìxíngchē 쯔싱처°] 자전거

火车 [huǒchē 후어처°] 기차

特快 [tèkuài 트어쿠아이] 특급

直快 [zhíkuài 즈°쿠아이] 급행

18次车 [shíbā cì chē 스°빠 츠 처] 제18호 열차

列车员 [lièchēyuán 리에처°위엔] 승무원

车厢 [chēxiāng 처°시앙] 객차

餐车 [cānchē 찬처°] 식당차

软卧 [ruǎnwò 루°안워] 일등 침대석

硬卧 [yìngwò 잉워] 일반 침대석

上铺 [shàngpù 샹°푸] 3층 침대의 상단

中铺 [zhōngpù 쫑°푸] 3층 침대의 중간

下铺 [xiàpù 시아푸] 3층 침대의 하단

行李架 [xínglìjià 싱리찌아] 선반

司机 [sījī 쓰찌] 운전기사

上车 [shàngchē 샹°처°] 차를 타다

下车 [xiàchē 시아처°] 차에서 내리다

换车 [huànchē 후안처°] 환승

发车 [fāchē 파′처°] 발차하다

停车 [tíngchē 팅처°] 정차하다

到达 [dàodá 따오다] 도착하다

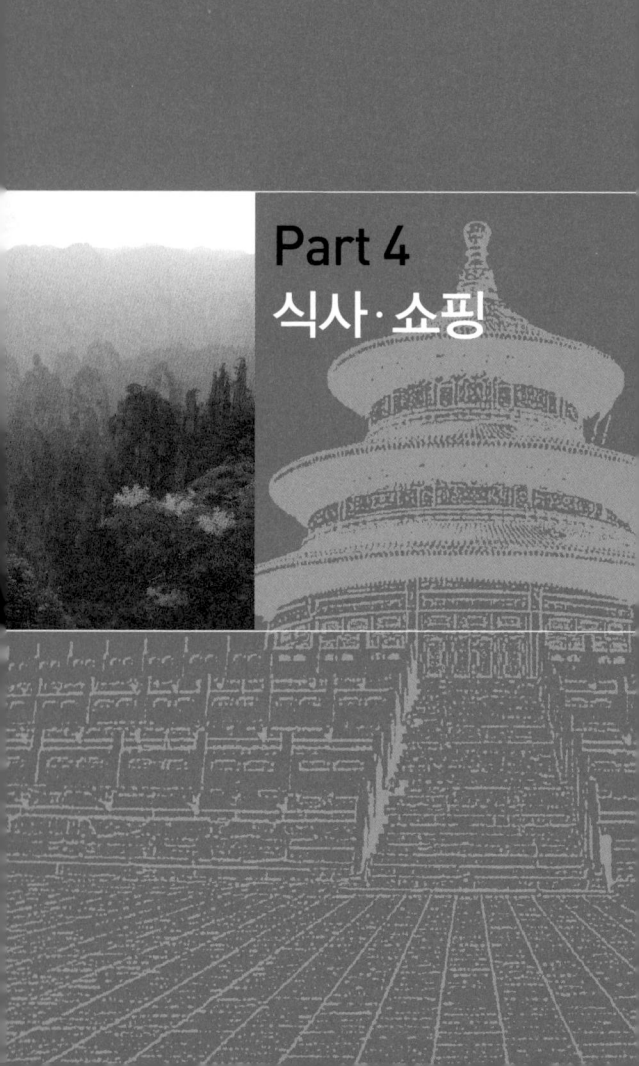

Part 4
식사·쇼핑

- 식사
- 쇼핑

식사

배가 고픕니다.

식사했습니까?

식사했습니다.

함께 식당에 갈까요?

메뉴 있습니까?

무엇을 먹고 싶습니까?

쇠고기가 아니라면 어떤 것이든 괜찮습니다.

교자 좋아하십니까?

식사·쇼핑

Wǒ è le
我饿了。
워 으어 러

Chī le ma
吃了吗?
츠° 러 마

Chī le
吃了。
츠° 러

Yìqǐ qù fànguǎnr ba
一起去饭馆儿吧。
이치 취 판'구알 바

Yǒu càidān ma
有菜单吗?
여우 차이딴 마

Nǐ xiǎng chī shénme
你想吃什么?
니 시앙 츠°션°머

Wǒ bù chī niúròu, biéde shénme dōu xíng
我不吃牛肉,别的什么都行。
워 뿌 츠° 니우러°우, 비에더 션°머 떠우 싱

Nǐ ài chī jiǎozi ma
你爱吃饺子吗?
니 아이 츠° 지아오즈 마

식사

교자를 좋아합니다.

이 선생님, 우리 대신에 주문해 주시겠어요?

좋아요, 우선 교자 한 접시.

그리고 북경오리 반 마리와 새우경단튀김 한 접시를 주세요.

그리고 청도맥주를 두 병, 소꼬리수프를 하나.

충분할까요?

충분해요. 다 먹을 수 없어요.

이 요리 맵습니까?

식사 쇼핑

Wǒ ài chī jiǎozi
我爱吃饺子。
워 아이 츠ʰ 지아오즈

Lǐ xiānsheng, nǐ tì wǒmen diǎncài hǎo ma
李先生，你替我们点菜好吗？
리 시엔셩ʰ. 니 티 워먼 디엔차이 하오 마

Hǎode. Xiān lái yì pán jiǎozi
好的。先来一盘饺子。
하오더. 시엔 라이 이 판 지아오즈

Zài yào bàn zhī kǎoyā yì pán duìzháxiā
再要半只烤鸭一盘炸对虾。
짜이 야오 빤 즈ʰ 카오야 이 판 자ʰ 뚜에이 시에

Wàijiā liǎng píng Qīngdǎo píjiǔ, yì wǎn niúwěitāng
外加两瓶青岛啤酒，一碗牛尾汤。
와이지아 리앙 핑 칭다오 피지우, 이 완 니우웨이탕

Gòu chī le ba
够吃了吧？
꺼우 츠ʰ 러 바

Gòu le, gòu le. Chī bu liǎo
够了，够了。吃不了。
꺼우 러. 꺼우 러. 츠ʰ부 리아오

Zhè ge cài là bu là
这个菜辣不辣？
쩌ʰ거 차이 라 부 라

식사

좀 맵습니다.

매운 것은 싫습니다.

어째서 술을 들지 않나요?

안돼요. 술을 마시면 얼굴이 빨갛게 되어요.

아주 조금이라면 괜찮지 않나요?

저는 이것으로 하겠습니다.

이것은 제가 주문한 것이 아닙니다.

맛있군요.

식사·쇼핑

Yǒu diǎnr là
有点儿辣。
여우 디알 라

Wǒ bù chī là de
我不吃辣的。
워 뿌 츠˚ 라 더

Nǐ zěnme bù hē jiǔ
你怎么不喝酒?
니 전머 뿌 흐어 지우

Bùxíng. Wǒ yì hē liǎn jiù hóng
不行。我一喝脸就红。
뿌싱. 워 이 흐어 리엔 찌우 훙

Shǎo hē diǎnr méi guānxi
少喝点儿没关系。
샤˚오 흐어 디알 메이 꾸안시

Wǒ yào zhè ge
我要这个。
워 야오 쩌˚거

Zhè bú shì wǒ yào de dōngxi
这不是我要的东西。
쩌˚부 스˚워 야오 더 뚱시

Zhēn hǎochī
真好吃。
쩐˚ 하오츠˚

식사

매우 맛있습니다.

이 요리는 맛있으니까, 추가를 부탁합니다.

이 요리는 너무 짭니다.

맛을 싱겁게 해 주시겠습니까?

너무 기름져서 먹을 수가 없어요.

위스키는 있습니까?

와, 이렇게 많은 요리를!

별로 맛있는 것은 없습니다만.

식사
쇼핑

Hěn hǎochī
很好吃。
흐언 하오츠°

Zhè ge cài hěn hǎochī, zài yào yí ge
这个菜很好吃，再要一个。
쩌°거 차이 흐언 하오츠°. 짜이 야오 이 거

Zhè ge cài tài xián le
这个菜太咸了。
쩌°거 차이 타이 시엔 러

Néng zuò dàn yìdiǎnr ma
能做淡一点儿吗？
넝 쭈어 딴 이디알 마

Tài yóunì le, chī bu liǎo
太油腻了，吃不了。
타이 여우니 러. 츠° 부 리아오

Yǒu wēishìjì ma
有威士忌吗？
여우 웨이스°찌 마

Hē, zhème duō cài
呵，这么多菜！
흐어. 쩌°머 뚜어 차이

Méi shénme hǎo cài, jiāchángbiànfàn
没什么好菜，家常便饭。
메이 션°머 하오 차이, 찌아창° 삐엔판´

식사

맛을 좀 보세요.

음, 싱겁지도 짜지도 않군요. 아주 좋아요.

라이 군, 손님에게 술을 권해 주세요.

당신이 만든 요리는 요리사가 만든 것보다 맛있어요.

그러면 많이 드세요.

많이 먹었습니다.

많이 드셨습니까?

이제 배가 부릅니다.

식사·쇼핑

Nǐ chángchang wèidao
你尝尝味道。
니 창°창° 웨이따오

En, bù xián bú dàn. Zhèng héshì
嗯，不咸不淡。正合适。
언, 뿌 시엔 부 딴   쩡°흐어스°

Lěilei, gěi kèrén dàojiǔ
磊磊，给客人倒酒。
레이레이, 게이 크어런° 따오지우

Nǐ zuò de cài bǐ fàndiàn de hái hǎochī
你做的菜比饭店的还好吃。
니 쭈어 더 차이 비 판'띠엔 더 하이 하오 츠°

Nà nǐ kě yào duō chī diǎnr
那你可要多吃点儿。
나 니 크어 야오 뚜어 츠° 디알

Wǒ chī bǎo jí le
我吃得饱极了。
워 츠° 더 바오 지 러

Chī hǎo le ma
吃好了吗？
츠° 하오 러 마

Yǐjing chī hǎo le
已经吃好了。
이찡 츠° 하오 러

식사

아뇨, 아직입니다.

취했습니다.

차를 좀 드세요.

우리의 우정을 위하여 건배!

건배!

계산서를 부탁합니다.

오늘은 제가 대접할게요.

각자 나누어 냅시다.

식사·쇼핑

Hái méi chī hǎo
还没吃好。
하이 메이 츠°하오

Wǒ yǒu diǎnr zuì le
我有点儿醉了。
워 여우 디알 쭈에이 러

Nǐ hē bēi chá ba
你喝杯茶吧。
니 흐어 뻬이 챠° 바

Wèi wǒmen de yǒuyì, gānbēi
为我们的友谊，干杯!
웨이 워먼 더 여우이, 깐뻬이

Gānbēi
干杯!
깐뻬이

Qǐng suànzhàng
请算帐。
칭 쑤안짱°

Jīntiān wǒ qǐngkè
今天我请客。
찐티엔 워 칭크어

Dàjiā tānqián ba
大家摊钱吧。
따찌아 탄치엔 바

쇼핑

완구는 몇 층에 있습니까?

무엇이 필요합니까?

스웨터를 사고 싶습니다만.

우산은 있습니까?

사과를 주세요.

어느 것입니까?

큰 것을 주세요.

어느 것이 인기가 있습니까?

식사·쇼핑

Wánjù jǐ lóu
玩具几楼?
완쮜 지 러우

Nǐ yào shénme
你要什么?
니 야오 션°머

Wǒ yào máoyī
我要毛衣。
워 야오 마오이

Yǒu yǔsǎn ma
有雨伞吗?
여우 위싼 마

Mǎi píngguǒ
买苹果。
마이 핑구어

Yào nǎ ge
要哪个?
야오 나 거

Yào dà de
要大的。
야오 따 더

Nǎ zhǒng shòu huānyíng
哪种受欢迎?
나 종° 셔°우 후안잉

쇼핑

이것은 지금도 유행하고 있습니다.

입어 봐도 됩니까?

이것은 너무 큽니다.

좀 더 작은 것은 없습니까?

다른 색은 없습니까?

이것은 어떻습니까?

얼마입니까?

100원입니다.

식사
쇼핑

Zhè zhǒng xiànzài liúxíng
这种现在流行。
쩌°종° 시엔짜이 리우싱

Kěyǐ shì ma
可以试吗?
크어이 스° 마

Zhè jiàn tài dà le
这件太大了。
쩌 찌엔 타이 따 러

Yǒu xiǎo yìdiǎnr de ma
有小一点儿的吗?
여우 시아오 이디알 더 마

Yǒu biéde yánsè de ma
有别的颜色的吗?
여우 비에더 이엔쓰어 더 마

Zhè jiàn zěnmeyàng
这件怎么样?
쩌° 찌엔 전머양

Duōshao qián
多少钱?
뚜어샤°오 치엔

Yì bǎi kuài
一百块。
이 바이 쿠아이

쇼핑

너무 비싸네요.

좀 싼 것은 없습니까?

이것은 쌉니다.

좀 깎아 주세요.

좀 깎아 주시지 않겠습니까?

80원은 어떻습니까?

그렇다면 좋아요.

이것으로 하겠습니다.

식사
쇼핑

Tài guì le
太贵了。
타이 꾸에이 러

Yǒu méiyǒu zài piányi diǎnr de ma
有没有再便宜点儿的吗？
여우 메이여우 짜이 피엔이 디알 더 마

Zhè ge piányi
这个便宜。
쩌° 거 피엔이

Shǎosuàn diǎnr ba
少算点儿吧。
샤°오쑤안 디알 바

Néng piányi yì diǎnr ma
能便宜一点儿吗？
넝 피엔이 이 디알 마

Bāshí kuài zěnmeyàng
八十块怎么样？
빠스° 쿠아이 전머양

Nà hǎo ba
那好吧。
나 하오 바

Jiù yào zhè ge
就要这个。
찌우 야오 쩌° 거

쇼핑

몇 개를 원하십니까?

3개 주세요.

다른 것은 무엇이 필요합니까?

그러면 담배를 한 갑 주세요.

모두 4원 50전 되겠습니다.

이것은 10원이고, 5원 50전 거스름입니다.

미안하지만 거스름돈이 없습니다.

계산은 어디에서 합니까?

식사·쇼핑

Yào duōshao
要多少?
야오 뚜어샤°오

Yào sān ge
要三个。
야오 싼 거

Hái yào biéde ma
还要别的吗?
하이 야오 비에더 마

Hái yào yì hé yān
还要一盒烟。
하이 야오 이 흐어 이엔

Yígòng sì kuài wǔ
一共四块五。
이꽁 쓰 쿠아이 우

Zhè shì shí kuài, zhǎo nǐ wǔ kuài wǔ
这是十块,找你五块五。
쩌°스°스° 쿠아이, 자°오 니 우 쿠아이 우

Duì bu qǐ, wǒ zhǎo bu kāi
对不起,我找不开。
뚜에이 부 치, 워 자°오 부 카이

Zài nǎr jiāoqián
在哪儿交钱?
짜이 나알 찌아오치엔

쇼핑

계산은 저기입니다.

여행자수표 받습니까?

신용카드 받습니까?

영수증을 부탁합니다.

영수증이 필요합니까?

교환해 주시겠습니까?

거스름이 틀립니다.

식사 · 쇼핑

Zài nàr shōukuǎn
在那儿收款。
짜이 나알 셔°우쿠안

Lǚxíngzhīpiào néng yòng ma
旅行支票能用吗?
뤼싱쯔°피아오 넝 용 마

Néng yòng xìnyòngkǎ ma
能用信用卡吗?
넝 용 신용카 마

Qǐng gěi kāi zhāng fā piào
请给开张发票。
칭 게이 카이 짱° 파´피아오

yào fā piào ma
要发票吗?
야오 파´피아오 마

Néng gěi huàn yíxià ma
能给换一下吗?
넝 게이 후안 이시아 마

Nǐ zhǎo de qián bú duì
你找的钱不对。
니 자°오 더 치엔 부 뚜에이

여행하는 것은 보기 위한 것이다. —탄자니아 속담—

요리와 관련된 용어

菜 [cài 차이] 요리

中餐 [zhōngcān 쭝°찬] 중국요리

西餐 [xīcān 시찬] 서양요리

日本菜 [Riběncài 르°번차이] 일본요리

饭 [fàn 판´] 밥

粥 [zhōu 쩌°우] 죽

面条 [miàntiáo 미엔티아오] 국수

面包 [miànbāo 미엔빠오] 빵

汤 [tāng 탕] 국

鱼 [yú 위] 생선

鸡蛋 [jīdàn 찌딴] 계란

鸡肉 [jīròu 찌러°우] 닭고기

牛肉 [niúròu 니우러°우] 쇠고기

猪肉 [zhūròu 쭈°러°우] 돼지고기

饺子 [jiǎozi 지아오즈] 만두

包子 [bāozi 빠오즈] (소가 든) 만두

茶 [chá 차´] 차

水 [shuǐ 수ˇ에이] 물

酒 [jiǔ 지우] 술

白酒 [báijiǔ 바이지우] 백주

啤酒 [píjiǔ 피지우] 맥주

葡萄酒 [pútáojiǔ 푸타오지우] 포도주

牛奶 [niúnǎi 니우나이] 우유

果汁 [guǒzhī 구어쯔ˇ] 주스

咖啡 [kāfēi 카페ˊ이] 커피

红茶 [hóngchá 훙차ˊ] 홍차

杯子 [bēizi 뻬이즈] 잔, 컵

小盘儿 [xiǎopánr 시아오파알] 작은 접시

筷子 [kuàizi 쿠아이즈] 젓가락

여행과 변화를 사랑하는 사람은 생명이 있는 사람이다.
—바그너—

쇼핑과 관련된 용어

售货员 [shòuhuòyuán 셔°우허우위엔] 판매원

东西 [dōngxi 똥시] 물건

礼物 [lǐwù 리우] 선물

特产 [tèchǎn 트어찬°] 특산품

收据 [shōujù 셔°우쮜] 영수증

衣服 [yīfu 이푸´] 옷

香烟 [xiāngyān 시앙이엔] 담배

菜 [cài 차이] 요리

水果 [shuǐguǒ 수°에이구어] 과일

点心 [diǎnxīn 디엔신] 간식, 과자

糖 [táng 탕] 사탕, 설탕

袜子 [wàzi 와즈] 양말

眼镜 [yǎnjing 이엔찡] 안경

鞋 [xié 시에] 신발

提包 [tíbāo 티빠오] 핸드백

거리에서 볼 수 있는 게시판

注意 주의

小心脚下 발밑 주의

小心头 머리 조심

危险 위험

请勿穿行 건너지 마시오

请通过 건너시오

禁止出入 무단 침입금지

小心油漆 페인트 주의

故障 고장

禁止使用 사용중지

禁止停车 주차금지

停车场 주차장

请勿践踏草坪 잔디에 들어가지 마시오

禁止通行 통행금지

单线 일방통행

出口 출구

换乘 갈아타는 곳

卖票处 매표소

Part 5
통신

- 우체국
- 전화

우체국

가장 가까운 우체국이 어디에 있습니까?

우표는 어디에서 팔고 있습니까?

우체통은 어디에 있습니까?

항공우편으로 부탁합니다.

속달로 부탁합니다.

등기로 부탁합니다.

이 소포를 한국으로 보내고 싶습니다.

이 소포를 선편으로 보내고 싶습니다.

통신

Zuìjìn de yóujú zài nǎr
最近的邮局在哪儿？
쭈에이찐 더 여우쥐 짜이 나알

Yóupiào zài nǎr mǎi
邮票在哪儿买？
여우피아오 짜이 나알 마이

Yóutǒng zài nǎr
邮筒在哪儿？
여우통 짜이 나알

Qǐng jì hángkōngxìn
请寄航空信。
칭 찌 항콩신

Qǐng jì kuàixìn
请寄快信。
칭 찌 쿠아이신

Qǐng jì guàhàoxìn
请寄挂号信。
칭 찌 꾸아하오신

Xiǎng bǎ zhè ge bāoguǒ jì dào Hánguó
想把这个包裹寄到韩国。
시앙 바 쩌°거 빠오구어 찌 따오 한구어

zhè ge bāoguǒ xiǎng hǎiyùn
这个包裹想海运。
쩌°거 빠오구어 시앙 하이윈

우체국

항공우편은 얼마입니까?

Jì hángkōngxìn duōshao qián
寄航空信多少钱?
찌 항콩신 뚜어샤°오 치엔

tip

우편

중국에서 한국으로 엽서나 편지를 보내려면 대개는 호텔의 프런트에서 대행해 주거나, 호텔 내에 우체국이 있는 곳이 많으므로 이곳을 이용한다. 중국 우체국의 업무시간은 연중무휴로 09:00~17:00이다. 국제우편 요금은 엽서가 1.6元, 편지는 10g까지는 3.6元이고, 10g 증가할 때마다 0.5元씩 요금이 추가된다. 한국에는 1주일이면 도착한다.

중국의 화폐

중국에서 현재 통용되는 화폐는 100元(위엔), 50元, 10元, 5元, 1元, 5角(쟈오), 2**角**, 1角, 5分(펀), 2分, 1分 등의 12가지이며, 이중에서 동전은 1元, 5角, 1角, 5分, 2分, 1分 등이다. 1元, 1角, 5角 등은 지폐와 동전이 혼용되고 있다. 참고로 중국은 외환태환권(외국인용)과 인민폐(중국 국민용)를 함께 사용하던 것을 1994년 6월 가트(GATT) 가입 이후 단일화시켰다. 따라서 현재는 인민폐만 통용되고 있으며, 그 이전의 태환권은 사용이 금지되었다.

# 전화

여보세요, 장 선생님 댁입니까?

북경호텔입니다만.

여보세요, 왕 선생님을 부탁합니다.

여보세요, 이 선생님 계신가요?

여기에 이 선생님이라는 분은 안 계십니다.

여보세요, 937-2472입니까?

몇 번에 걸었습니까?

왕 사장님 돌아오셨습니까?

통신

Wéi, shì Zhāng xiānsheng jiā ma
喂，是张先生家吗？
웨이. 스°짱°시엔셩°찌아 마

Zhè le shì Běijīng fàndiàn
这里是北京饭店。
쩌°리 스°베이찡 판´띠엔

Wéi, wǒ zhǎo Wáng lǎoshī
喂，我找王老师。
웨이. 워 자°오 왕 라오스°

Wéi, Lǐ xiǎojie zài ma
喂，李小姐在吗？
웨이. 리 시아오지에 짜이 마

Zhèr méiyǒu xìng Lǐ de
这儿没有姓李的。
쩌°얼 메이여우 싱 리 더

Wéi, shì jiǔ sān qī èr sì qī èr ma
喂，是937-2472吗？
웨이. 스°지우 싼 치 얼 쓰 치 얼 마

Nǐ dǎ de shì duōshao hào
你打的是多少号？
니 다 더 스°뚜어샤°오 하오

Qǐngwèn, Wáng jīnglǐ lái le méiyǒu
请问，王经理来了没有？
칭원. 왕 찡리 라이 러 메이여우

전화

계십니다, 잠깐만 기다리세요.

그는 오늘 휴가입니다.

그는 외출했습니다.

지금 회의 중입니다.

지금 목욕 중입니다.

그는 아직 돌아오지 않았습니다.

그는 출장 중입니다.

누구십니까?

통신

Zài, qǐng shāo děng yíxià
在，请稍等一下。
짜이, 칭 샤°오 덩 이시아

Tā jīntiān qǐngjià le
他今天请假了。
타 찐티엔 칭찌아 러

Tā chūqù le
她出去了。
타 추°취 러

Tā zài kāihuì
他在开会。
타 짜이 카이후에이

Tā zài xǐzǎo
她在洗澡。
타 짜이 시자오

Tā hái méi huílái
他还没回来。
타 하이 메이 후에이라이

Tā chūchāi qù le
他出差去了。
타 추°차°이 취 러

Nǐ shì nǎ wèi a
你是哪位啊？
니 스°나 웨이 아

전화

실례지만, 성함이 어떻게 되십니까?

급한 일입니까?

용건을 전해드리겠어요.

잠시 뒤에 다시 전화해 주세요.

오늘밤 전화를 받았으면 하는데요.

대사관 전화번호는 몇 번입니까?

제 전화번호는 7611345입니다.

다시 전화 하겠습니다.

통신

Qǐngwèn, nín guì xìng
请问,你贵姓?
칭원. 닌 꾸에이 싱

Nǐ yǒu jíshì ma
你有急事吗?
니 여우 지스° 마

Nǐ yǒu shénme shì, wǒ kěyǐ zhuǎngào tā
你有什么事,我可以转告他。
니 여우 션°머 스°. 워 크어이 주°안까오 타

Qǐng guò yí huìr zài dǎ diànhuà
请过一会儿再打电话。
칭 꾸어 이 후얼 짜이 다 띠엔후아

Zuìhǎo jīntiān wǎnshang gěi wǒ dǎ ge diànhuà
最好今天晚上给我打个电话。
쭈에이하오 찐티엔 완상° 게이 워 다 거 띠엔후아

Dàshǐguǎn de diànhuà hàomǎ shì duōshao
大使馆的电话号码是多少?
따스°구안 더 띠엔후아 하오마 스° 뚜어사°오

Wǒ de diànhuà hàomǎ shì qī liù yāo yāo sān sì wǔ
我的电话号码是7611345。
워 더 띠엔후아 하오마 스° 치 리우 야오 야오 싼 쓰 우

Zài dǎ diànhuà
再打电话。
짜이 다 띠엔후아

전화

몇 시에 걸면 되겠습니까?

좀 천천히 말씀해 주시겠습니까?

다시 한 번 말씀해 주시겠습니까?

실례지만 큰 소리로 말씀해 주시겠습니까?

이 근처에 공중전화 있습니까?

잠깐 전화를 빌릴 수 있습니까?

한국에 전화를 걸고 싶습니다.

콜렉트콜로 부탁합니다.

통신

Jǐ diǎn dǎ diànhuà fāngbiàn
几点打电话方便?
지 디엔 다 띠엔후아 팡'삐엔

Qǐng zài màn yì diǎnr hǎo ma
请再慢一点说好吗?
칭 짜이 만 이 디얼 수°어 하오 마

Qǐng zài shuō yí biàn hǎo ma
请再说一遍好吗?
칭 짜이 수°어 이 삐엔 하오 마

Duì bu qǐ, qǐng dà diǎnr shēng shuō hǎo ma
对不起, 请大点儿声说好吗?
뚜에이 부 치, 칭 따 디얼 셩° 수°어 하오 마

Qǐngwèn, fùjìn yǒu gōngyòng diànhuà ma
请问, 附近有公用电话吗?
칭원, 푸'찐 여우 꽁용 띠엔후아 마

Jiè yòng yíxià diànhuà, kěyǐ ma
借用一下电话, 可以吗?
찌에 용 이시아 띠엔후아, 크어이 마

Xiǎng wǎng Hánguó dǎ diànhuà
想往韩国打电话。
시앙 왕 한구어 다 띠엔후아

Qǐng ràng duìfāng fùfèi
请让对方付费。
칭 랑° 뚜에이팡' 푸'페이

전화

통화중입니다.

아무도 전화를 받지 않습니다.

통신

Zhànxiàn
占线。
짠°시엔

Méi rén jiē
没人接。
메이 런° 찌에

tip

한국교환원을 통한 국제전화

공중전화일 경우에는 카드나 시내공중전화 사용료 2角을 넣고, 호텔이라면 외선 번호를 누르고 108-828을 누른다. 안내방송을 들은 후에 0번을 누르면 한국교환원이 받으므로 상대방 전화번호를 알리면 된다. 통화할 상대방을 지정하는 지명통화와 상대방의 전화번호만을 지정하는 번호통화가 있으며, 연결되어 통화가 되는 시점부터 요금이 부과된다. 현금 없이 편리하게 통화할 수 있으며, 요금은 한국으로 돌아와서 지불하면 된다.

중국통신사를 이용한 국제전화

00(국제전화인식번호)-한국의 국가번호(82)-0을 제외한 지역번호-걸고자 하는 곳의 전화번호 순으로 누르면 된다. 서울의 ☎123-4567로 건다면 00-82-2-123-4567을 누르면 된다. 단, 호텔에서 건다면 호텔의 외선번호를 먼저 누른 뒤에 이 번호를 누른다. 호텔 전화의 경우 기본 전화 요금 외에 호텔의 서비스 요금이 10~15% 정도 추가된다.

우체국과 관련된 용어

邮局 [yóujú 여우쥐] 우체국

邮筒 [yóutǒng 여우퉁] 우체통

明信片 [míngxìnpiàn 밍신피엔] 엽서

信 [xìn 신] 편지

航空信 [hángkōngxìn 항콩신] 항공우편

挂号信 [guàhàoxìn 꾸아하오신] 등기우편

快信 [kuàixìn 쿠아이신] 속달우편

寄件人 [jìjiànrén 찌찌엔런'] 보내는 사람

收件人 [shōujiànrén 셔°우찌엔런'] 받는 사람

邮票 [yóupiào 여우피아오] 우표

전화와 관련된 용어

电话 [diànhuà 띠엔후아] 전화

电话号码 [diànhuà hàomǎ 띠엔후아 하오마] 전화번호

公用电话 [gōngyòng diànhuà 꽁용 띠엔후아] 공중전화

国际电话 [guójì diànhuà 구어찌 띠엔후아] 국제전화

长途电话 [chángtú diànhuà 창˚투 띠엔후아] 장거리 전화

内线 [nèixiàn 네이시엔] 내선

外线 [wàixiàn 와이시엔] 외선

查号台 [cháhàotái 차˚하오타이] 번호문의

总机 [zǒngjī 종찌] 대표전화

电话簿 [diànhuàbù 띠엔후아뿌] 전화번호부

打 [dǎ 다] 걸다

接 [jiē 찌에] 받다

打错 [dǎcuò 다추어] 잘못 걸다

电话卡 [diànhuàkǎ 띠엔후아카] 전화카드

电话费 [diànhuàfèi 띠엔후아페´이] 전화요금

话筒 [huàtǒng 후아통] 수화기

Part 6
긴급사태

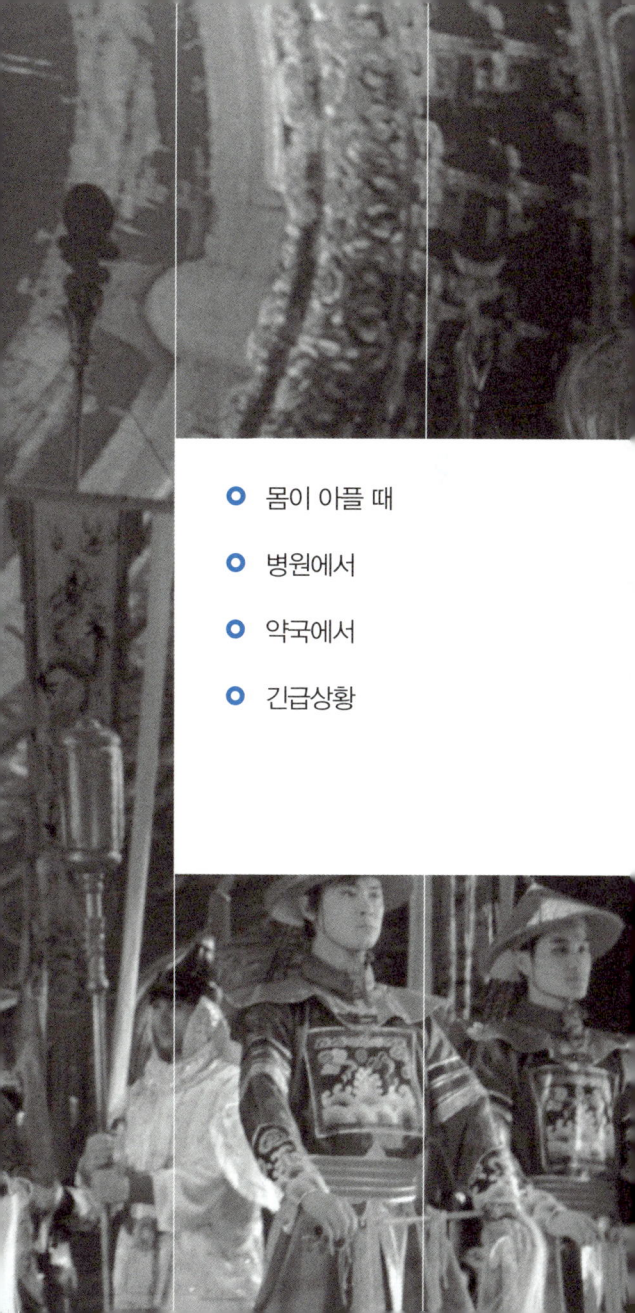

- 몸이 아플 때
- 병원에서
- 약국에서
- 긴급상황

몸이 아플 때

몸이 좀 아픕니다.

여기가 아픕니다.

머리가 좀 아픕니다.

배가 아픕니다.

오한이 납니다.

현기증이 납니다.

구토가 납니다.

가려움이 멈추지 않습니다.

긴급 사태

Wǒ bù shūfu
我不舒服。
워 뿌 수°푸´

Zhèr téng
这儿疼。
쩌°얼 텅

Yǒu diǎnr tóuténg
有点儿头疼。
여우 디알 터우텅

Dùzi téng
肚子疼。
뚜즈 텅

Jué de fālěng
觉得发冷。
쮜에 더 파´렁

Xuàn yūn
眩晕。
쒸안 윈

Ěxīn
恶心。
으어신

Yǎng de yàomìng
痒得要命。
양 더 야오밍

몸이 아플 때

차멀미가 납니다.

감기에 걸렸습니다.

긴급 사태

Hǎoxiàng yùnchē le
好像晕车了。
하오시앙 윈처° 러

Gǎnmào le
感冒了。
간마오 러

tip

중국의 병원에서

중국 병원에서 진찰을 받으려면 우선 접수 (挂号 guàhào)를 해야 한다. 挂号处라고 써진 창구에서 자신이 받고 싶은 진료과목 등을 말하면 된다. 특정 의사에게 진료받기를 원한다면 접수할 때 미리 말해야 한다. 접수처에서 진료수첩 (病曆本 bìnglìběn)을 팔기도 하는데, 중국에서는 의사가 진료한 내용과 처방을 진료수첩에 기록을 해준다. 이 수첩은 개인 병력이 기록되어 있기 때문에 다른 병원에 가서 진료를 받더라도 유용하다.

병원에서

접수는 어디에서 합니까?

저 창구입니다.

내과를 부탁합니다.

진찰권은 가지고 있습니까?

없습니다. 초진입니다.

그러면 이 용지에 기입해 주세요.

이러면 되겠습니까?

좋습니다. 3번 진찰실로 가 주세요

긴급사태

Zài nǎr guàhào
在哪儿挂号?
짜이 나알 꾸아하오

Zài nà ge chuāngkǒu
在那个窗口。
짜이 나 거 추°앙커우

Wǒ guà nèikē
我挂内科。
워 꾸아 네이크어

Yoǔ guàhàozhèng ma
有挂号证吗?
여우 꾸아하오쩡° 마

Méiyǒu. wǒ shì dì yī cì lái
没有。我是第一次来。
메이여우. 워 스° 띠 이 츠 라이

Nà tián yí xià zhè zhāng biǎo
那填以下这张表。
나 티엔 이 시아 쩌° 짱° 비아오

Zhèyàng tián, xíng ma
这样填，行吗?
쩌°양 티엔, 싱 마

Xíng, qǐng dào sān hào zhěnshì
行，请到3号诊室。
싱. 칭 따오 싼 하오 전°스°

병원에서

어디가 아프십니까?

머리가 아파서 죽겠습니다.

먹으면 토해 버립니다.

식욕이 없습니다.

밤에 잠을 잘 수 없습니다.

기침이 납니까?

기침은 나지 않습니다.

기심이 심하게 많이 납니다.

긴급사태

Nǐ nǎr bù shūfu
你哪儿不舒服？
니 나알 뿌 수°푸´

Tóu téng de yàomìng
头疼得要命。
터우 텅 더 야오밍

Yì chī dōngxi jiù tù
一吃东西就吐。
이 츠° 똥시 찌우 투

Méiyǒu shíyù
没有食欲。
메이여우 스°위

Wǎnshang shuì bu hǎo jiào
晚上睡不好觉。
완샹° 수°에이 부 하오 찌아오

Késou ma
咳嗽吗？
크어써우 마

Bù késou
不咳嗽。
뿌 크어써우

Késou de hěn lìhài, hái yǒu tán
咳嗽得很厉害，还有痰。
크어써우 더 흐언 리하이, 하이 여우 탄

병원에서

먼저 열을 재보죠.

열은 있습니까?

열은 없습니다.

청진기로 대보죠.

숨을 들여 마셔 보세요.

숨을 내 쉬세요.

걱정하지 마세요. 감기입니다.

약을 드시면 좋아질 겁니다.

긴급 사태

Xiān shìshi biǎo ba
先试试表吧。
시엔 스˚스˚ 비아오 바

Fāshāo ma
发烧吗?
파ˊ샤˚오 마

Bù fāshāo
不发烧。
뿌 파ˊ샤˚오

Tīngzhěnqì
听诊器。
팅전˚치

Qǐng xīqì
请吸气。
칭 시치

Qǐng hūqì
请呼气。
칭 후치

Méi shénme. nǐ gǎnmào le
没什么。你感冒了。
메이 션˚머   니 간마오 러

Chī diǎnr yào jiù hǎo le
吃点儿药就好了。
츠˚ 디알 야오 찌우 하오 러

177

병원에서

시간에 맞게 약을 드세요.

아무거나 먹여도 됩니까?

지금 단계에서는 유동식을 드세요.

배 아픈 것이 없어졌다.

푹 쉬어 주세요.

오늘은 확실한 진단을 내릴 수 없어요.

이틀 후에 다시 진찰을 받아 주세요.

약을 많이 먹었는데 아직 낫질 않아요.

긴급 사태

Yào ànshí chī yào
要按时吃药。
야오 안스˚ 츠˚ 야오

Néng gěi tā chī dōngxi ma
能给他吃东西吗?
넝 게이 타 츠˚ 똥시 마

Xiān chī liúshí
先吃流食。
시엔 츠˚ 리우스˚

Dùzi bù téng le
肚子不疼了。
뚜즈 뿌 텅 러

Yào zhùyì xiūxi
要注意休息。
야오 쭈˚이 시우시

Jīntiān bù néng quèzhěn
今天不能确诊。
찐티엔 뿌 넝 취에전˚

Liǎngtiān hòu zài lái fùzhěn
两天后再来复诊。
리앙티엔 허우 짜이 라이 푸´전˚

Chī le hǎo duō yào, hái bú jiànxiào
吃了好多药，还不见效。
츠˚ 러 하오 뚜어 야오, 하이 뿌 찌엔시아오

병원에서

당신은 입원하시는 것이 좋아요.

선생님, 저는 언제 퇴원할 수 있습니까?

긴급 사태

Nǐ yīnggāi zhùyuàn
你应该住院。
니 잉까이 쭈°위엔

Dàifu, wǒ shénme shíhou néng chūyuàn
大夫，我什么时候能出院？
따이푸´, 워 션°머 스°허우 넝 추°위엔

널리 여행하면 현명해진다 -영국 속담-

약국에서

요금을 지불했습니까?

지불했습니다.

실례지만 약을 부탁합니다.

당신 약입니다, 받으세요.

어떻게 복용합니까?

하루 4번 한번에 2정 복용하세요.

환약은 어떻게 먹죠?

하루 두 번, 한 번에 하나 드세요.

긴급 사태

Jiāoqián le ma
交钱了吗?
찌아오치엔 러 마

Jiāo le
交了。
찌아오 러

wǒ fù yào
我付药。
워 푸′ 야오

Zhè shì nǐ de yào, qǐng shōu hǎo
这是你的药,请收好。
쩌°스°니 더 야오, 칭 셔°우 하오

zěnme fúyòng
怎么服用?
전머 푸′용

Měitiān sì cì, měicì liǎng piàn
每天四次,每次两片。
메이티엔 쓰 츠, 메이츠 리앙 피엔

Wányào ne
丸药呢?
완야오 너

Měitiān liǎng cì, měicì yì wán
每天两次,每次一丸。
메이티엔 리앙 츠, 메이츠 이 완

약국에서

식전, 식후 아무 때나 먹으면 됩니다.

Fànqián fànhòu dōu kěyǐ

饭前饭后都可以。

판'치엔 판'허우 떠우 크어이

tip

약국에서

일반 병원에서는 의사가 처방전(药方 yàofāng)을 지어주면 그것을 가지고「汇价 huìjià(계산)」이라고 쓰인 곳에 가서 치료비와 약값을 지불한 다음 약 타는 곳(取药qǔyào)에서 약을 받으면 된다. 대부분의 병원은「中药 zhōngyào(중의약)」,「西药 xīyào (양약)」을 취급하는 곳이 구분되어 있다. 중국 약국은 비교적 어두우며 약국에서 파는 약들은 포장지가 대체로 조잡하지만 어떤 약은 한국약보다 뛰어난 효과를 지닌 것도 있다.

교통사고

중국에서 교통사고가 발생했을 때 즉시 122 혹은 110으로 신고(외국인의 경우 공안국의 교통관리국 사고처에서 담당)하고, 현장보존 및 증거·증인 확보를 합니다. 현장을 보존함과 동시에 목격자 인명 피해 정도·차량 파손상태·관련 차량번호·보험 가입 여부 등을 확인 기록한다. 택시승객은 일방적인 피해자가 되어 택시회사나 기사가 보상책임을 부담하므로 택시번호, 운전사의 인적사항 및 연락처를 확보해야 한다.

긴급상황

위험해!

도와주세요!

누가 좀 와 주세요!

잠깐 기다려요!

차가 떠나요! 서두르세요!

곧 갈게요.

도둑이야!

지갑을 소매치기 당했어요.

긴급 사태

Wēixiǎn
危险!
웨이시엔

Jiùmìng a
救命啊!
찌우밍 아

Lái rén na
来人哪!
라이 런° 나

Děng yi děng
等一等!
덩 이 덩

Chē yào kāi le, kuài diǎnr
车要开了, 快点儿!
처° 야오 카이 러, 쿠아이 디알

Mǎshàng jiù qù
马上就去。
마샹° 찌우 취

Zhuā xiǎotōu a
抓小偷啊!
쭈°아 시아오터우 아

Qiánbāo bèi tōu le
钱包被偷了。
치엔빠오 뻬이 터우 러

긴급상황

하물을 도둑맞았어요.

전부 훔쳐갔어요.

신용카드를 무효로 해 주세요.

이 주소로 연락해 주세요.

여권이 없어졌어요.

지갑을 방에 두고 나왔는데요.

긴급 사태

Xíngli bèi tōu le
行李被偷了。
싱리 뻬이 터우 러

Quánbù bèi tōu le
全部被偷了。
취엔뿌 뻬이 터우 러

Bǎ xìnyòngkǎ zuòfèi
把信用卡作废。
바 신용카 쭈어페´이

Qǐng àn cǐ dìzhǐ liánxì
请按此地址联系。
칭 안 츠 띠즈° 리엔시

Wǒ bǎ hùzhào diū le
我把护照丢了。
워 바 후짜오 띠우 러

Wǒ bǎ qiánbāo wàng zài fángjiān le
我把钱包忘在房间里了。
워 바 치엔바오 왕 짜이 팡´찌엔 리 러

바보는 방황하고 현명한 사람은 여행한다 -T.플러-

병원·질병과 관련된 용어

医院 [yīyuàn 이위엔] 병원
救护车 [jiùhùchē 찌우후처°] 구급차
大夫 [dàifu 따이푸´] 의사
药局 [yàojú 야오쥐] 약국
病人 [bìngrén 삥런°] 환자
外科 [wàikē 와이크어] 외과
内科 [nèikē 네이크어] 내과
妇科 [fùkē 푸´크어] 부인과
皮肤科 [pífūkē 피푸´크어] 피부과
儿科 [érkē 얼크어] 소아과
就诊 [jiùzhěn 찌우전°] 진찰
检查 [jiǎnchá 지엔차´] 검사
复诊 [fùzhěn 푸´전°] 재진
打针 [dǎzhēn 다쩐°] 주사를 놓다
量体温 [liáng tǐwēn 리앙 티원] 체온을 재다
药 [yào 야오] 약
吃药 [chīyào 츠°야오] 약을 먹다
住院 [zhùyuàn 쭈°위엔] 입원하다
出院 [chūyuàn 추°위엔] 퇴원하다
病 [bìng 삥] 병
老病 [lǎobìng 라오삥] 지병

病房 [bìngfáng 삥팡´] 병실
发烧 [fāshāo 파´샤°오] 열이 나다
头痛 [tóutòng 터우통] 두통
胃痛 [wèitòng 웨이통] 위통
腹痛 [fùtòng 푸통] 복통
贫血 [pínxuè 핀쉬에] 빈혈
头晕 [tóuyūn 터우윈] 현기증
呕吐 [ǒutù 어우투] 구토
恶心 [ěxīn 으어신] 구역질나다
腹泻 [fùxiè 푸´시에] 설사
便秘 [biànmì 삐엔미] 변비
咳嗽 [késou 크어써우] 기침
感冒 [gǎnmào 간마오] 감기
流感 [liúgǎn 리우간] 유행성 감기
支气管炎 [zhīqìguǎnyán 쯔°치구안이엔] 기관지염
食物中毒 [shíwù zhòngdú 스°우 쫑°두] 식중독
出疹子 [chū zhěnzi 추° 전°즈] 발진
受伤 [shòushāng 셔°우상°] 부상당하다
骨折 [gǔzhé 구저°] 골절
挫伤 [cuòshāng 추어상°] 타박상
烧伤 [shāoshāng 샤°오상°] 화상
月经 [yuèjīng 위에찡] 생리

여행 스케줄

Date   /   /

구경거리

즐길거리

먹거리

숙박

경비

기타

여행 스케줄

Date   /   /

구경거리

즐길거리

먹거리

숙박

경비

기타

여행 스케줄

Date   /   /

구경거리

즐길거리

먹거리

숙박

경비

기타

여행 스케줄

Date   /   /

구경거리

즐길거리

먹거리

숙박

경비

기타

여행 스케줄

Date   /   /

구경거리

즐길거리

먹거리

숙박

경비

기타

여행 스케줄

Date   /   /

구경거리

즐길거리

먹거리

숙박

경비

기타

여행 스케줄

Date   /   /

구경거리

즐길거리

먹거리

숙박

경비

기타

여행 스케줄

Date   /   /

구경거리

즐길거리

먹거리

숙박

경비

기타

여행 메모

Free Note

여행 메모

Free Note

여행 메모

Free Note

여행 메모

Free Note

여행 메모

Free Note

여행 메모

Free Note

여행 메모

Free Note

여행자 메모

Traveler's Note

여권번호
Passport No.

비자번호
Visa No.

항공권번호
Air Ticket No.

항공권편명
Flight Name

신용카드번호
Credit Card No.

여행자수표번호
Traveler's Check No.

해외여행보험번호
T.A. No.

항공권 예약

Day |

Time |

Flight Name |

담당자 |